Competencias digitales básicas para el empleo

Editado por:
EDITORIAL FAE, S.L.U.
Correo electrónico: editorial@editorialfae.com

Competencias digitales básicas para el empleo
Elsa Rubio Dulce

1ª Edición

Se ha puesto el máximo empeño en ofrecer a la persona lectora una información completa y precisa. Sin embargo, Editorial FAE, S.L.U., no asume ninguna responsabilidad derivada de su uso ni tampoco de cualquier violación de patentes ni otros derechos de terceras partes que pudieran ocurrir. Esta publicación tiene por objeto proporcionar unos conocimientos precisos y acreditados sobre el tema tratado. Su venta no supone para el editor ninguna forma de asistencia legal, administrativa o de ningún otro tipo.

ISBN: 978-84-1135-342-7

Impreso en España

Índice

Módulo 1. Competencias digitales básicas para la búsqueda de empleo por cuenta ajena

Módulo 2. Competencias digitales básicas para el empleo por cuenta propia

Aplicaciones prácticas

Ejercicio de evaluación final

Solucionario

Bibliografía

Índice

Módulo 1. Competencias digitales básicas para la búsqueda de empleo por cuenta ajena

Introducción

En la sociedad actual, marcada por la transformación digital, la búsqueda activa de empleo exige el dominio de habilidades tecnológicas básicas. No basta con tener un currículum en papel ni con entregar solicitudes presencialmente: es necesario saber crear, editar y enviar documentación en formatos digitales, conocer portales especializados, utilizar redes profesionales y comunicarse de forma eficaz en entornos digitales.

En este módulo se analizarán los conocimientos y destrezas esenciales para desenvolverse en procesos de búsqueda de empleo por cuenta ajena, haciendo uso de herramientas tecnológicas accesibles y actuales. La capacitación digital no solo amplía las oportunidades laborales, sino que permite a las personas desenvolverse con mayor autonomía, seguridad y eficacia en un mercado cada vez más competitivo.

Objetivos

- Crear y editar un currículum vitae en formato digital, seleccionando la plantilla adecuada, organizando la información de forma clara y profesional, y optimizando su presentación para su lectura por sistemas digitales (ATS).
- Identificar y seleccionar empresas y organismos adecuados a su perfil profesional, utilizando buscadores y recursos en línea para encontrar oportunidades laborales y canales de contacto.
- Redactar una carta de presentación personalizada adaptada a cada oferta de empleo, mostrando habilidades de comunicación digital profesional.
- Utilizar portales de empleo y redes sociales profesionales para buscar ofertas laborales, registrarse en plataformas, completar su perfil digital y postularse a vacantes de forma autónoma.
- Aplicar criterios de seguridad digital y protección de datos al compartir su información profesional en internet, comprendiendo los riesgos y adoptando buenas prácticas.
- Demostrar una actitud positiva y activa hacia las tecnologías digitales, siendo consciente de su papel en la mejora de la empleabilidad y en la conexión con redes profesionales y sociales.
- Desarrollar habilidades personales y sociales necesarias para desenvolverse en procesos de búsqueda de empleo en entornos digitales, incluyendo autonomía, responsabilidad, y respeto a la normativa vigente.

1. Creación y edición de un currículum vitae en formato digital para la búsqueda de empleo

En el proceso de búsqueda activa de empleo, el currículum vitae es la principal herramienta de presentación ante empresas y entidades contratantes.

Vocabulario

Currículum vitae (CV): documento que resume la formación, experiencia laboral y habilidades de una persona. Es la herramienta básica para postularse a un empleo.

Por este motivo, es fundamental saber cómo identificar la información clave a incluir, elegir el formato más adecuado, redactar el contenido de forma clara y profesional, y optimizar el diseño para su lectura tanto humana como automatizada.

Objetivo

Generar un CV digital adaptado al perfil y sector, y actualizarlo con autonomía cuando sea necesario.

1.1. Identificación de las necesidades propias de información en relación con la búsqueda de empleo

Antes de comenzar a redactar un currículum vitae (CV), es fundamental reflexionar sobre el perfil profesional propio y el tipo de empleo que se desea conseguir. Esta fase de análisis inicial permite orientar adecuadamente el contenido y el formato del CV, enfocándolo hacia los objetivos personales.

Para ello, deben considerarse los siguientes aspectos:

- **Sector profesional de interés.** ¿Se busca empleo en administración, logística, servicios, hostelería, tecnología, etc.?
- **Nivel de cualificación y experiencia.** ¿Se tiene formación formal, experiencia laboral previa, certificados o competencias adquiridas de forma no reglada?
- **Tipo de puesto deseado.** ¿Es un puesto de entrada, intermedio o especializado? ¿Se desea trabajo a jornada completa, parcial, temporal o indefinido?
- **Zona geográfica de búsqueda.** ¿Hay disponibilidad para desplazarse o cambiar de residencia? ¿Se busca empleo local, regional, nacional o remoto?
- **Necesidades personales o familiares.** ¿Existen restricciones horarias, responsabilidades familiares o preferencia por teletrabajo?

Este análisis permite identificar qué información es relevante y qué competencias conviene destacar en el currículum. También ayuda a elegir con mayor criterio las ofertas de empleo y adaptar el contenido a cada una de ellas.

Una persona que busca empleo como auxiliar administrativa debe priorizar en su CV competencias como manejo de ofimática, atención al público, organización de documentos y conocimientos en facturación.

Por el contrario, si el objetivo es trabajar como dependiente/a de tienda, se resaltarán habilidades como trato con clientes, ventas y trabajo en equipo.

1.2. Selección y definición del formato de currículum vitae a completar

El segundo paso consiste en elegir el formato de currículum más adecuado en función del perfil y del tipo de empleo al que se desea optar.

Existen diversos modelos, pero todos deben tener en común:

- Claridad visual y estructura limpia.
- Información concisa y relevante.
- Ausencia de errores ortográficos.
- Adaptación al puesto y al sector.

Los principales tipos de formato son:

- **Cronológico.** Presenta la experiencia de forma ordenada, de lo más reciente a lo más antiguo. Es el más utilizado y fácil de leer.
- **Funcional o por competencias.** Destaca las habilidades adquiridas, agrupándolas por áreas de competencia. Es útil para personas con poca experiencia laboral o trayectorias discontinuas.
- **Combinado o mixto.** Mezcla ambos enfoques. Se destacan primero las competencias clave y luego se presenta la trayectoria cronológica. Es adecuado para perfiles intermedios o con experiencia en varios sectores.

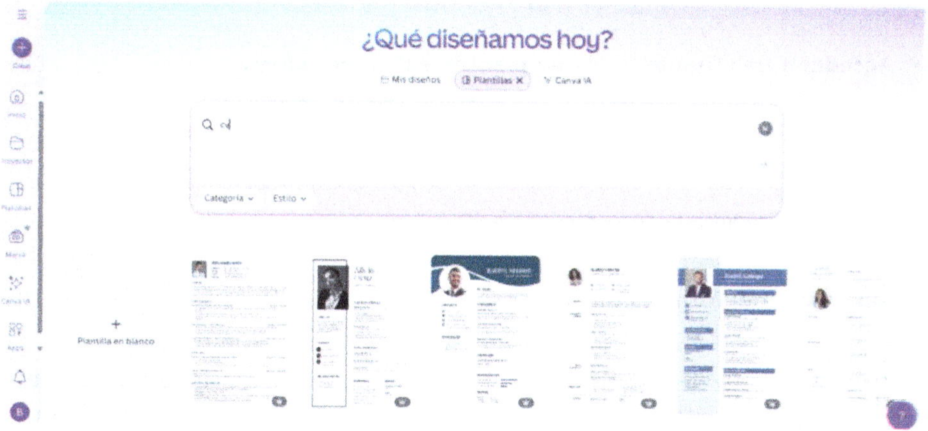

Fig. 1. Plataformas como Canva cuentan con una gran variedad de plantillas de currículum con diferentes formatos y adaptadas a distintos perfiles profesionales

Anotación

Si se va a enviar el CV a través de plataformas digitales o portales de empleo, conviene elegir plantillas compatibles con los sistemas de lectura automática de currículums (ATS). Estas plantillas evitan diseños demasiado complejos y utilizan formatos fácilmente legibles por software (como .docx o .pdf sin tablas decorativas ni columnas múltiples).

1.3. Descarga y almacenamiento en el ordenador del modelo de currículum seleccionado

Una vez elegido el formato más adecuado para el currículum, es necesario descargarlo y guardarlo correctamente en el ordenador para poder editarlo con comodidad y seguridad.

Este paso requiere ciertas nociones básicas de navegación, descarga y gestión de archivos digitales. Los pasos recomendados son:

1º. Acceder a una fuente fiable de plantillas de currículum.

Para ello, se pueden usar portales especializados como Canva, Europass, Zety, LiveCareer, entre otros. En algunos casos, es posible que se requiera crear una cuenta gratuita para acceder a la descarga de las plantillas.

2º. Seleccionar el formato de descarga adecuado.

Como se ha mencionado anteriormente, se recomienda utilizar formatos comunes como .docx (Word) o .pdf editable, dependiendo de si se va a editar directamente o enviar como versión final.

Hay que evitar formatos inusuales o que no puedan abrirse fácilmente en cualquier dispositivo.

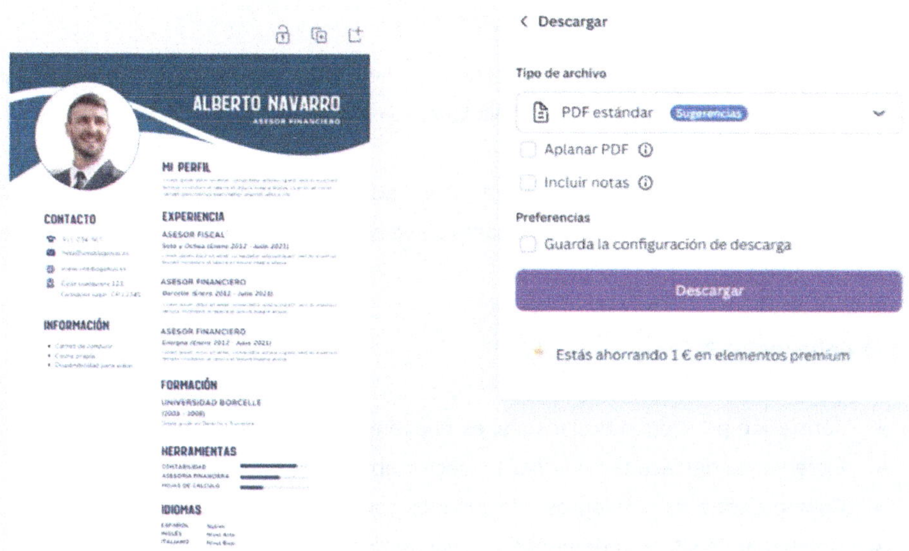

Fig. 2. Una vez finalizado el diseño, Canva permite descargar el currículum en formato PDF estándar para compartirlo de forma profesional y segura

3º. Guardar el archivo en una carpeta organizada.

Para ello, se recomienda crear una carpeta en el escritorio o en "Documentos" y utilizar un nombre de archivo profesional, por ejemplo: *CV_NombreApellidos.docx.*

4º. Hacer copias de seguridad.

Es recomendable guardar una copia en una unidad USB, disco externo o en la nube (por ejemplo, Google Drive o OneDrive), para tener acceso desde cualquier lugar y prevenir pérdidas.

1.4. Redacción del perfil profesional de forma breve y sintética

El perfil profesional es uno de los elementos más importantes del currículum. Se trata de un párrafo corto, situado generalmente al principio del documento, donde se resume quién es la persona candidata, cuáles son sus principales competencias y qué tipo de empleo busca.

Este texto debe ser breve (entre 3 y 5 líneas); claro y directo; adaptado al puesto al que se opta; y enfocado en logros o habilidades clave.

Si se va a enviar el CV a diferentes ofertas, debe adaptarse en cada caso al puesto y al lenguaje utilizado en la oferta. Usar palabras clave similares mejora las posibilidades de ser seleccionada/o.

¿Qué debe incluir?

- Formación principal o titulación si es relevante.
- Experiencia destacada (si la hay) o sector objetivo.
- Competencias clave o logros relacionados con el empleo deseado.
- Objetivo profesional (por ejemplo, conseguir un puesto como auxiliar, repartidor, operaria, etc.).

Ejemplo

Ejemplo para personas con experiencia previa:

"Profesional con experiencia en atención al cliente y gestión de cobros. Capacidad para trabajar en equipo, habilidades de comunicación y dominio de herramientas ofimáticas. Busco una oportunidad como administrativa en el sector servicios".

Ejemplo para personas sin experiencia previa:

"Persona organizada y responsable, con formación básica en comercio y competencias digitales. Gran motivación por aprender y aportar en tareas de atención al público o apoyo en ventas".

1.5. Verificación de la información de contacto

La información de contacto del currículum es un apartado fundamental ya que permite a las empresas comunicarse con la persona candidata si desean concertar una entrevista o ampliar información. Por este motivo, es imprescindible que sea completa, clara y esté actualizada.

¿Qué datos deben incluirse?

- Nombre y apellidos completos.
- Número de teléfono móvil personal (accesible y operativo).
- Correo electrónico profesional (preferiblemente con el nombre real, evitando alias o palabras poco serias).
- Localidad de residencia (no es obligatorio incluir dirección completa, pero sí la ciudad y/o provincia).
- Enlace a perfil profesional en redes sociales, si está actualizado y bien presentado (por ejemplo, LinkedIn).

Algunos errores comunes que deben revisarse son:

- Números mal escritos o incompletos.
- Direcciones de correo electrónico incorrectas o inactivas. Es recomendable evitar correos electrónicos poco apropiados, como los que contienen apodos, números aleatorios o nombres informales. En su lugar, se sugiere crear una cuenta gratuita específica para buscar empleo, con un formato serio como nombre.apellido@gmail.com.
- Perfil de LinkedIn con información contradictoria respecto al currículum.

Fig. 3. Los datos de contacto deben estar actualizados y claramente visibles para facilitar que la empresa pueda comunicarse con la persona candidata

1.6. Organización cronológica de la información formativa y laboral

Otro de los apartados clave del currículum es el que recoge la formación académica y la experiencia profesional. Ambos deben estar ordenados cronológicamente de forma inversa, es decir, empezando por lo más reciente.

¿Por qué usar el orden cronológico inverso?

- Porque las empresas valoran especialmente la experiencia y la formación más reciente.
- Facilita la lectura rápida por parte de los responsables de selección.
- Es el formato más habitual en los procesos de selección por cuenta ajena.

La información que debe incluirse en cada apartado es la siguiente:

- **Formación académica:**
  - Título obtenido (por ejemplo, "Graduado en ESO", "Curso de Atención al Cliente").
  - Centro de formación y localidad.
  - Fechas de inicio y finalización (mes/año si es posible).

- **Experiencia profesional:**
  - Puesto desempeñado.
  - Empresa y lugar.
  - Período trabajado (mes/año – mes/año).
  - Breve descripción de funciones o tareas (opcional, máximo 2-3 líneas).

Si se tienen lagunas en el tiempo sin trabajar o estudiar, se pueden justificar brevemente (por ejemplo, "Cuidado de familiar dependiente", "Búsqueda activa de empleo").

Por otro lado, si no se tiene experiencia laboral previa, es válido incluir prácticas formativas, voluntariados o colaboraciones esporádicas, siempre que aporten valor al perfil profesional.

Es preferible no inventar ni exagerar datos. La honestidad genera confianza.

1.7. Principales habilidades para el trabajo según su tipología

Las habilidades o competencias personales y profesionales también son un elemento fundamental en el currículum. Muchas ofertas de empleo valoran tanto o más el saber hacer (competencias) que los títulos o años de experiencia.

Estas habilidades deben adaptarse a la tipología del trabajo que se desea, seleccionando las más relevantes para el puesto.

A continuación, se describen algunos ejemplos de habilidades destacadas según el tipo de empleo:

Atención al cliente	Comunicación, empatía, resolución de conflictos, amabilidad, escucha activa
Administrativo/oficina	Organización, dominio ofimático, precisión, redacción, trabajo en equipo
Logística/almacén	Puntualidad, resistencia física, trabajo bajo presión, atención al detalle
Hostelería y restauración	Rapidez, buena presencia, trato con el público, multitarea, higiene y limpieza
Cuidados/servicios a personas	Paciencia, responsabilidad, habilidades sociales, observación, discreción
Comercio/ventas	Persuasión, orientación al cliente, autonomía, dinamismo, actitud positiva

Es conveniente usar el mismo lenguaje que aparece en la oferta de empleo en cuestión. Por ejemplo, si una empresa busca "persona resolutiva y con iniciativa", conviene reflejarlo de forma similar en el apartado de habilidades del currículum.

Si se desea trabajar como auxiliar de almacén, se pueden incluir habilidades como: capacidad para trabajar de pie durante largas jornadas, agilidad en la preparación de pedidos, respeto de normas de seguridad, trabajo en equipo, entre otras.

1.8. Optimización del currículum para su lectura por sistemas de seguimiento de candidatos (Applicant Tracking Systems - ATS), almacenando el mismo en modo de texto, destacando datos relevantes, organizando el texto e incluyendo palabras clave

Muchas empresas utilizan programas informáticos llamados **ATS *(Applicant Tracking Systems)*** para filtrar automáticamente los currículums que reciben. Estos sistemas leen los documentos digitales y seleccionan solo aquellos que contienen ciertas palabras clave o están bien estructurados.

Palabras clave: términos específicos relacionados con el puesto de trabajo (como "atención al cliente" o "carnet de carretillero") que deben incluirse en el currículum para facilitar su lectura por ATS.

¿Qué hacen los ATS?

- Escanean el contenido del currículum para buscar términos específicos relacionados con el puesto.
- Evalúan la estructura del texto, descartando formatos poco legibles o demasiado visuales (como columnas, tablas complejas o imágenes decorativas).
- Ordenan o descartan currículums según su grado de coincidencia con los criterios del puesto.

 Ejemplo

Algunos ejemplos de ATS actuales son:

- Personio (https://www.personio.es/).
- Bizneo (https://www.bizneo.com/).
- Workable (https://www.workable.com/).

Por este motivo, a la hora de crear el currículum es conveniente tener en cuenta algunas recomendaciones que ayudan a optimizarlo de cara a su lectura por estos sistemas, como:

- Guardar el archivo en formato .docx o .pdf sin tablas complejas.
- Evitar imágenes, iconos y gráficos decorativos que no sean imprescindibles.
- Utilizar títulos claros y comunes como: Formación académica, Experiencia profesional, Habilidades, etc.
- Incluir palabras clave relacionadas con el puesto, sacadas directamente de la oferta de empleo (por ejemplo, "manejo de Excel", "atención telefónica", "carnet de carretillero").
- Utilizar listas con viñetas simples para describir funciones o habilidades.
- Evitar abreviaturas poco comunes o jerga demasiado técnica.

 Importante

Aunque el diseño visual es importante, en procesos con ATS lo prioritario es que el contenido sea legible por el sistema. Si el currículum pasa esa primera criba, entonces sí será evaluado por una persona.

Ejemplo

En la siguiente imagen se puede ver una descripción de una oferta en la que se pueden identificar palabras clave como "control de stock", "etiquetado" o "gestión de devoluciones" que conviene incluir en el currículum si coinciden con la experiencia propia de la persona candidata a esta oferta.

Requisitos mínimos
Carnet de carretillero/a vigente

Descripción

Empresa ubicada en La Roca del Vallès precisa la incorporación de un/a Mozo/a de almacén para la realización de las siguientes funciones:

-Carga y descarga
-Ubicación de materiales
-Control de stock
-Control de la materia que entra
-Gestión de devoluciones
-Etiquetado
-Expediciones
-Alimentación de las líneas

Horario de Mañana o turno partido de 8 a 17
Salario según experiencia
Incorporación directa por empresa

Palabras clave relacionadas con la oferta

CARRETILLERO   CARRETILLERA

1.9. Anexión de muestras de trabajos previos relacionados con la tipología del perfil de trabajo demandado

En ciertos sectores o tipos de empleo, resulta útil adjuntar muestras de trabajos realizados previamente, especialmente cuando se trata de ocupaciones creativas, técnicas o manuales. Este recurso refuerza el currículum, ya que aporta evidencia directa de las competencias y habilidades.

¿Cuándo es recomendable incluir muestras?

- En empleos relacionados con el diseño gráfico, fotografía, edición de vídeo o creación de contenidos.
- En ocupaciones de tipo manual o artesanal (como confección, carpintería, repostería, etc.) donde puede añadirse un pequeño portafolio de imágenes.
- En perfiles que hayan realizado proyectos, documentos o presentaciones digitales (como administrativos, asistentes virtuales, community managers, etc.).

Siempre que se incluyan muestras, estas deben ser relevantes, breves y estar bien presentadas, sin exponer datos de clientes u organizaciones sin permiso.

¿Qué se puede adjuntar?

- Enlaces a carpetas compartidas en la nube (Google Drive, Dropbox, etc.).
- Capturas de pantalla de productos elaborados.
- Documentos PDF con ejemplos de presentaciones, informes, menús, catálogos, etc. Por ejemplo, una persona que busca empleo como repostera puede incluir un PDF con fotos de tartas personalizadas realizadas por encargo.
- En perfiles digitales se puede incluir enlaces a redes sociales profesionales, portafolios o sitios web personales. Por ejemplo, un diseñador gráfico puede compartir un enlace a su portafolio en Behance.

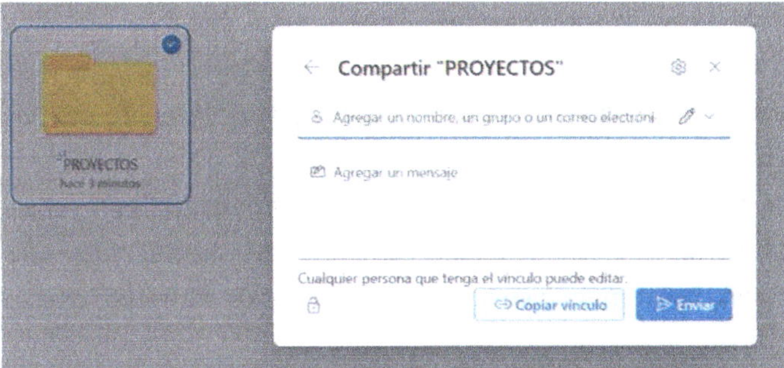

Fig. 4. Compartir una carpeta a través de un enlace permite adjuntar muestras de trabajos previos en línea y facilitar su acceso a las empresas

Behance (https://www.behance.net/) es una plataforma en línea propiedad de Adobe, donde poder mostrar el trabajo, descubrir nuevas tendencias y conectar con clientes y empresas potenciales.

Es una red social enfocada en el ámbito creativo, permitiendo a los usuarios:

- Tener un portafolio digital para mostrar su trabajo en línea, organizado por proyectos, categorías y habilidades.
- Facilita la conexión entre creativos, permitiendo seguir perfiles, comentar proyectos, dar "me gusta" y enviar mensajes directos.
- Un espacio para la búsqueda de empleo ya que contiene un tablón de anuncios de ofertas de trabajo, con opciones para filtrar por tipo de vacante, campo creativo y ubicación.
- Un escaparate para el descubrimiento ya que tanto clientes como otros profesionales pueden encontrar el trabajo de los usuarios de Behance, permitiendo el reconocimiento y la búsqueda de talento.

1.10. Revisión y mejora el diseño y presentación del currículum asegurando una presentación profesional y limpia

Un buen currículum no solo debe contener información relevante, sino que también debe estar bien estructurado visualmente, ya que una presentación descuidada puede generar una impresión negativa inmediata.

Algunos aspectos a revisar son:

- **Ortografía y gramática.** Evitar errores ortográficos, frases incompletas o signos de puntuación incorrectos.
- **Fuente y tamaño de letra.** Se recomienda usar tipografías sencillas como Arial, Calibri o Verdana, en tamaño 11 o 12.
- **Espaciado.** Dejar márgenes adecuados y espacios entre secciones para mejorar la legibilidad.
- **Negritas y listas.** Destacar solo lo necesario (por ejemplo, títulos de secciones o funciones clave).
- **Colores y elementos visuales.** Evitar fondos llamativos, uso excesivo de colores o adornos innecesarios.

Por otro lado, para lograr una presentación limpia se recomienda:

- Utilizar plantillas profesionales con estructura clara.
- Asegurar una alineación coherente de los textos (justificado o alineado a la izquierda).
- Verificar que todas las fechas estén bien formateadas y sigan el mismo estilo.
- No sobrecargar el documento. Por ejemplo, si el CV ocupa una página, es suficiente en la mayoría de los casos para perfiles básicos o con poca experiencia.

Objetivo

Un currículum de una sola página, con encabezado claro, secciones bien definidas (formación, experiencia, habilidades), sin imágenes, con fuente legible y sin errores, que transmita profesionalidad y facilite la lectura.

Fig. 5. En un entorno de alta competencia, la claridad visual puede marcar la diferencia entre un CV leído y otro descartado rápidamente

1.11. Revisión de la ortografía del currículum evitando las faltas

Como se ha mencionado anteriormente, un currículum con errores ortográficos o gramaticales puede generar una mala impresión inmediata y transmitir falta de cuidado, atención o preparación.

Las empresas valoran la capacidad de comunicarse de forma clara y correcta, especialmente en puestos que impliquen trato con el público, redacción de correos o cualquier tipo de comunicación escrita.

Algunas recomendaciones básicas para evitar faltas de ortografía y gramática son:

- Leer el currículum en voz alta ayuda a detectar frases incoherentes, repeticiones o errores de concordancia.

- Utilizar el corrector ortográfico del procesador de texto. Por ejemplo, programas como Word, Google Docs o LibreOffice subrayan automáticamente en rojo o azul los errores ortográficos o gramaticales más comunes.

- Pedir a otra persona que lo revise ya que un par de ojos extra puede detectar errores que se escapan tras revisar el mismo texto varias veces.

- Prestar atención a los acentos y mayúsculas, especialmente en nombres propios, títulos de secciones y abreviaturas. Por ejemplo, currículum en español debe escribirse con tilde y una sola "l".

- Evitar expresiones demasiado informales. Hay que recordar que el tono del currículum debe ser profesional, sin frases coloquiales, emoticonos ni abreviaturas de mensajería.

- Comprobar en detalle elementos sensibles como:
  - Nombre del centro de estudios.
  - Nombres de empresas o lugares.
  - Fechas.
  - Correo electrónico (que esté bien escrito).
  - Palabras clave como responsable, experiencia, formación, administrativo, etc.

Soy una persona responsable y trabajadora y me gusta trabajar en equipo → Responsable, con capacidad de trabajo en equipo y buena disposición al aprendizaje.

Aunque el contenido sea bueno, un error ortográfico puede hacer que el currículum sea descartado antes de leerlo completo, especialmente en procesos con muchos candidatos.

2. Búsqueda y selección de empresas y organismos para enviar el currículum en entornos digitales

Para el siguiente paso, no basta con tener un buen currículum, además es imprescindible saber dónde y cómo enviarlo.

Es esencial aprender cómo llevar a cabo la localización de oportunidades laborales a través de Internet, la identificación de empresas afines al perfil profesional y el envío adecuado del CV y la carta de presentación.

Para ello, existen diferentes estrategias de búsqueda, el uso de palabras clave, análisis de sitios web corporativos y canales de contacto frecuentes, prestando atención a la personalización del mensaje y la organización del proceso.

2.1. Realización de búsquedas en Internet de empresas relacionadas con el perfil profesional según palabras clave

Uno de los pasos más eficaces para encontrar empleo es buscar directamente empresas que trabajen en el sector de interés, aunque no tengan una oferta publicada en ese momento.

Esta búsqueda puede hacerse fácilmente a través de Internet y motores de búsqueda como Google.

¿Cómo realizar una búsqueda efectiva?

1. **Definir el sector o tipo de empleo deseado.** Por ejemplo: "empresas de limpieza en Madrid", "residencias de mayores en Zaragoza", "empresas de reparto en Valencia", "tiendas de ropa infantil en Sevilla".

2. **Usar palabras clave específicas.** Combinar tipo de empresa + ubicación + palabras como trabajo, empleo, contacto, envío de currículum. Por ejemplo: "supermercados en León enviar currículum", "empresas de transporte en Huelva ofertas de empleo".

3. **Filtrar los resultados.** Priorizar páginas web oficiales, directorios de empresas y medios de confianza. Además, hay que evitar enlaces poco fiables o que redirigen a páginas de anuncios genéricos.

4. **Anotar las empresas interesantes.** Se puede llevar un pequeño registro con el nombre, ubicación, web y posible forma de contacto.

Es recomendable comenzar por empresas locales o conocidas, ya que en muchos casos permiten enviar el currículum a través de su web incluso sin tener ofertas activas.

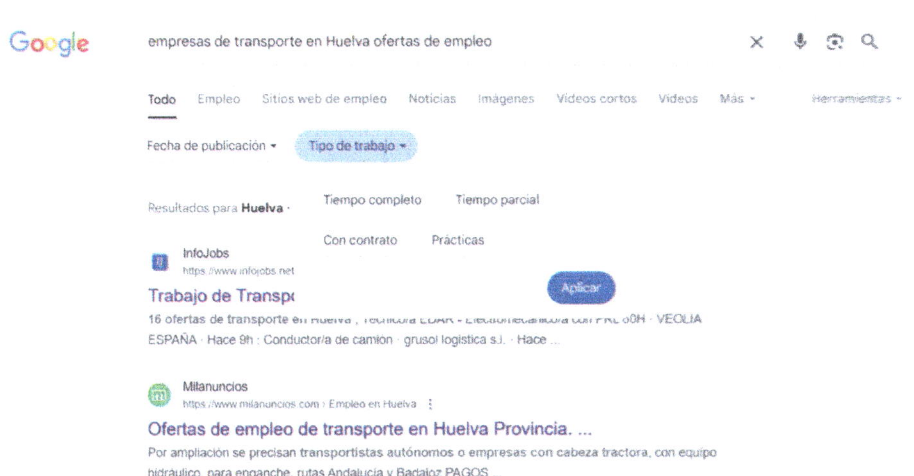

Fig. 6. Utilizar buscadores como Google con palabras clave específicas permite encontrar ofertas de empleo filtradas por ubicación, sector y tipo de jornada

2.2. Visita de las webs de las empresas y organismos seleccionadas identificando la forma de contacto con las mismas

Una vez localizadas las empresas de interés, el siguiente paso es entrar en sus páginas web y buscar si existe un apartado específico para el envío de currículums o para consultar ofertas de empleo.

A continuación, se describen los pasos para navegar de forma eficaz en las webs:

1º. Entrar en la web oficial de la empresa.

Como se ha mencionado en el apartado anterior, se puede buscar directamente en Google: "nombre de la empresa + página oficial".

2º. Localizar la sección adecuada.

Para ello, se puede buscar enlaces con nombres como:

- *"Trabaja con nosotros".*
- *"Empleo".*
- *"Recursos humanos".*
- *"Envío de CV".*
- *"Únete a nuestro equipo".*

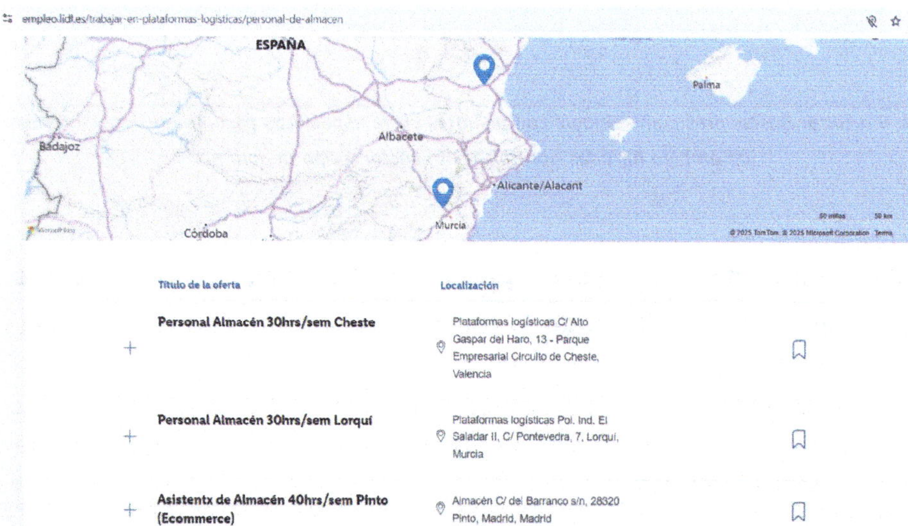

Fig. 7. Algunas empresas publican sus propias ofertas de empleo en sus páginas web, incluyendo mapas interactivos para localizar las vacantes disponibles por zona

3º. Identificar la forma de contacto.

Algunas empresas permiten:

- Subir directamente el currículum en su plataforma.
- Enviar un email a un correo específico.
- Rellenar un formulario con datos personales y adjuntar el CV.
- Redirigir a portales de empleo externos.

4º. Anotar o guardar la forma de contacto.

Si no se dispone del currículum en ese momento, conviene anotar la dirección web o capturar la pantalla con la información para enviarlo más tarde.

Anotación

No todas las webs tienen secciones visibles de empleo. Si no se encuentra ninguna, se puede ir a la sección "Contacto" y escribir un mensaje directo solicitando información sobre posibles vacantes.

2.3. Redacción de la carta de presentación, orientándola a la empresa u organismo y al puesto de trabajo de interés

La carta de presentación acompaña al currículum cuando se envía a una empresa. Su función es introducir brevemente a la persona candidata, explicar su motivación y destacar por qué está interesada en ese puesto o en formar parte de esa empresa.

Aunque no siempre es obligatoria, marca la diferencia cuando se redacta bien, demostrando interés, buena comunicación y conocimiento del sector.

La estructura recomendada de una carta de presentación simple es la siguiente:

- **Encabezado (opcional).** Lugar y fecha, nombre de la empresa, y si se conoce, persona responsable.

- **Saludo formal.** Por ejemplo, *Estimado/a responsable de selección, A quien corresponda.*

- **Primer párrafo (presentación).** Indicar nombre, situación actual y motivo del envío. Por ejemplo, *Me llamo María López y me dirijo a usted para expresar mi interés en formar parte de su equipo de trabajo como dependienta en su establecimiento de Granada.*

- **Segundo párrafo (motivación y competencias).** Resumir brevemente qué se puede aportar, qué experiencia o formación se tiene y por qué se desea trabajar allí.

- **Último párrafo (disposición al contacto).** Indicar la disponibilidad para una entrevista y agradecer la atención.

- **Firma y datos de contacto.** Nombre, teléfono, correo electrónico.

La carta debe adaptarse a la empresa y al tipo de trabajo; no sirve enviar el mismo texto genérico a todas las ofertas.

Estimado/a responsable de selección.

Me llamo Ana Rodríguez y me gustaría formar parte de su equipo como auxiliar administrativa. Tengo experiencia en atención al cliente, manejo de herramientas ofimáticas y soy una persona responsable y organizada.

Adjunto mi currículum para su consideración y quedo a su disposición para ampliar cualquier información. Gracias por su atención.

Un saludo cordial,

Ana Rodríguez - 666 777 888 - ana.rodriguez@email.com

2.4. Selección del archivo con el currículum a enviar

Una vez redactado el currículum, es necesario escoger el archivo correcto para enviarlo. Este paso es clave, ya que errores como enviar una versión antigua o mal nombrada pueden perjudicar el proceso de selección.

Algunos consejos para seleccionar y preparar el archivo son los siguientes:

- **Guardar el documento con un nombre profesional.** Evitar nombres genéricos como *"cv final bueno 3.docx"* y usar una nomenclatura más adecuada como *CV_NombreApellidos_2025.pdf* o *Curriculum_Nombre_Auxiliar.pdf*

Correcto: *CV_CarlosPérez_Mantenimiento2025.pdf*
Incorrecto: *Curriculumdefinitivo_carlosokfinal.docx*

- **Verificar que sea la última versión.** Hay que recordar revisar el contenido antes de enviarlo: fechas, ortografía, datos actualizados.

- **Convertirlo en formato PDF (recomendado).** Este formato conserva el diseño original y no permite que se altere el contenido al abrirse en otro dispositivo. Para ello, en Word o Google Docs, usar: Archivo → Guardar como → PDF.

Si la empresa lo solicita en otro formato (por ejemplo, .docx o .odt), respetar esa instrucción. Leer siempre bien los requisitos antes de enviar.

- **Comprobar el tamaño del archivo.** No debe superar los 2 MB para facilitar el envío. Si se incluyen imágenes, comprimirlas o eliminarlas.

- **Almacenar el archivo en un lugar accesible.** Guardarlo en el escritorio o en una carpeta claramente identificada para encontrarlo fácilmente al subirlo a una web o adjuntarlo en un correo.

2.5. Envío del currículum por el canal indicado por la empresa u organismo (email o ventana de contacto)

Ya está preparado el currículum y, si procede, la carta de presentación. Ahora es necesario enviar la candidatura por el canal que indique la empresa.

Los canales más comunes indicados por la empresa u organismo son los que se mencionan a continuación.

Envío por correo electrónico

Si la empresa facilita una dirección de correo (por ejemplo, rrhh@empresa.com), hay que redactar un mensaje breve, formal y claro. Por ejemplo, la estructura recomendada del correo puede ser:

- **Asunto del correo:**
  - *Solicitud de empleo – Auxiliar de tienda – Nombre Apellido*
  - *CV para puesto de limpieza – Nombre Apellido*

- **Cuerpo del mensaje:**
  - Saludo breve.
  - Presentación e interés en la oferta o empresa.
  - Referencia al currículum adjunto.
  - Agradecimiento y despedida.

No es recomendable enviar un correo vacío con solo el archivo adjunto.

Ejemplo

Asunto: CV para puesto de limpieza - Ana Ruiz

Buenos días.

Adjunto mi currículum para ser considerada en futuras vacantes de limpieza en su empresa. Tengo experiencia en entornos escolares y oficinas, y me encantaría formar parte de su equipo.

Gracias por su atención.
Un cordial saludo.

Ana Ruiz
Tel. 666 888 999 - ana.ruiz@email.com

Envío a través de formulario o ventana de contacto

Muchas empresas disponen de una página en su web para recibir candidaturas. Puede tratarse de un formulario donde hay que:

- Introducir datos personales.
- Seleccionar el archivo del currículum (botón tipo "Examinar" o "Subir archivo").
- Escribir un mensaje breve (opcional), parecido al texto de un correo (como el visto anteriormente).

Es importante asegurarse de que se han rellenado todos los campos obligatorios y de que el archivo se ha subido correctamente (normalmente se muestra el nombre del archivo al adjuntarlo).

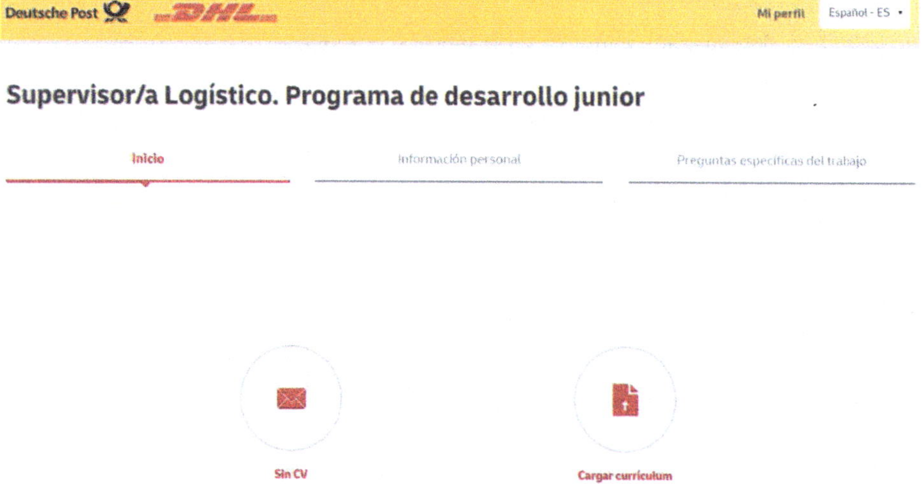

Fig. 8. Muchas empresas permiten cargar el currículum directamente en su página de empleo para iniciar el proceso de inscripción a una oferta concreta

Por otro lado, es útil anotar en una hoja o archivo los envíos realizados, indicando:

- Nombre de la empresa.
- Fecha de envío.

- Medio utilizado (correo, formulario, plataforma).
- Observaciones (si se adjuntó carta, si hubo respuesta, etc.)

Un ejemplo de registro simple podría ser:

Empresa	Fecha	Medio	Observaciones
Limpiezas Sol	03/06/25	Email	CV + carta, sin respuesta aún
Residencia Luz	05/06/25	Formulario	Subida en web, sin carta

Esto ayuda a hacer seguimiento de candidaturas y no repetir esfuerzos innecesarios.

3. Búsqueda y gestión de la información en buscadores de empleo

En la actualidad, una gran parte de las ofertas laborales se encuentran centralizadas en portales web especializados y redes sociales profesionales. Por tanto, se debe aprender el uso eficaz de estas plataformas para buscar empleo, registrarse, crear un perfil profesional atractivo y postular a vacantes.

Asimismo, hay que tener en cuenta criterios de seguridad digital, buenas prácticas para gestionar la información personal en línea y estrategias para comparar ofertas y tomar decisiones informadas.

Privacidad digital: conjunto de medidas que protegen los datos personales cuando se comparten en internet o en plataformas digitales.

3.1. Identificación de las necesidades propias de información en relación con la búsqueda de empleo (web, portales de empleo, redes sociales, entre otros)

Antes de empezar a buscar ofertas laborales, es fundamental tener claro qué tipo de información se necesita y en qué lugares puede encontrarse. De este modo, la búsqueda será más eficaz y no se perderá tiempo en contenidos irrelevantes.

¿Qué tipo de información debe buscarse?

- Ofertas de empleo actualizadas.
- Empresas que contratan en el sector deseado.
- Requisitos y competencias demandadas para los puestos.
- Formas de inscripción o contacto.
- Ferias o eventos virtuales de empleo.
- Tendencias del mercado laboral local o por sector.

¿Dónde buscar esa información?

- **Portales de empleo.** Sitios web especializados en publicar ofertas (ej. InfoJobs, Infoempleo, Empléate).

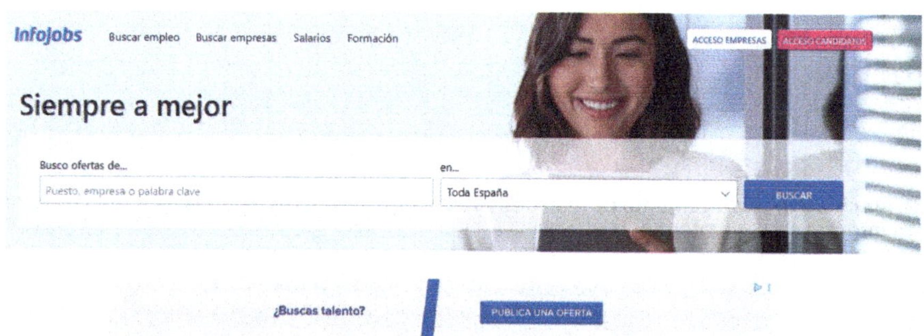

Fig. 9. Infojobs España es uno de los portales de empleo que más tráfico registra en nuestro país

- **Metabuscadores.** Páginas que reúnen ofertas de varias fuentes (ej. Indeed, Jobrapido).

- **Redes sociales profesionales.** Como LinkedIn, que permite encontrar empleo y hacer contactos profesionales.

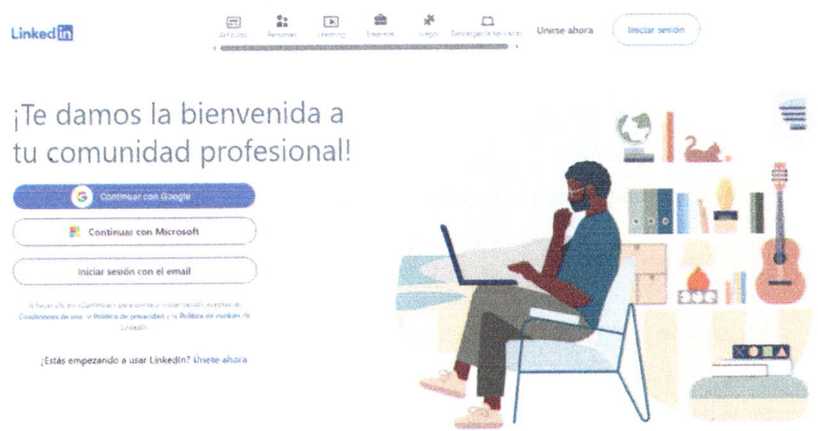

Fig. 10. LinkedIn incluye una opción denominada LinkedIn Learning a través de la cuál ofrece cursos de formación

- **Redes sociales generalistas.** Facebook o Telegram pueden tener grupos o canales con ofertas laborales locales.

- **Webs de empresas concretas.** Muchas tienen una sección de *Empleo o Trabaja con nosotros.*

- **Servicios públicos de empleo.** Como el portal *Empléate* (https://www.empleate.gob.es/).

Fig. 11. El portal de servicio público Empléate permite buscar ofertas de empleo del sector privado y público en todo el territorio nacional desde una única plataforma

Recuerda

Es importante adaptar la búsqueda según el sector. Por ejemplo, un empleo en supermercados puede aparecer en portales generales o webs de empresas, mientras que uno en informática es más frecuente en LinkedIn o InfoJobs.

3.2. Uso de la terminología común del ámbito digital (portales de empleo, metabuscadores, link, redes sociales profesionales, entre otros)

Al navegar por internet en busca de empleo, es fundamental comprender algunos términos digitales básicos que se utilizan en los sitios web, formularios y plataformas. Estas palabras aparecen con frecuencia y conocerlas permite orientarse mejor en entornos digitales.

Los principales términos del ámbito digital de empleo son:

Portal de empleo	Página web que publica ofertas de trabajo (InfoJobs, Empléate, etc.).
Metabuscador	Plataforma que reúne ofertas de varios portales (Indeed, Jobatus).
Link o enlace	Dirección web (URL) que lleva a otra página o contenido relacionado.
Formulario online	Cuadro o conjunto de casillas donde se introducen datos personales para registrarse o postularse.
Adjuntar archivo	Subir un documento desde el ordenador (como el currículum) a una web o correo.
Red social profesional	Plataforma digital centrada en la vida laboral y la búsqueda de empleo (LinkedIn).
Ofertas destacadas	Vacantes que tienen mayor visibilidad o prioridad en una web.
Usuario y contraseña	Datos para registrarse y acceder a un portal de empleo.

Ejemplo

Al registrarse en InfoJobs, el sistema solicita crear un usuario y contraseña, completar un formulario online y adjuntar el currículum. Después, se puede hacer clic en el link de una oferta para postularse.

3.3. Visita a la web de algunos de los principales portales de empleo, redes profesionales, empresas de trabajo temporal y metabuscadores (a título ilustrativo, Empléate, Infojobs, Infoempleo, Studentjobs, Jobandtalent, Miprimerempleo, LinkedIn, Activatenred, Adecco, Randstand, Grupo Eulen, Manpower, Grupo Norte, Agio Global, Jobrapido, Indeed, Jobatus, entre otros)

Conocer los principales canales digitales para buscar empleo es esencial para ampliar las oportunidades laborales. Existen diferentes tipos de plataformas, y cada una ofrece recursos distintos según el perfil profesional y la experiencia de la persona usuaria.

Por un lado, y como ya se mencionó anteriormente, están los **portales generales de empleo.** Estos sitios web agrupan ofertas de distintos sectores, tanto para personas con experiencia como para quienes buscan su primer empleo. Permiten buscar ofertas filtrando por puesto y ciudad, facilitando el acceso al mercado laboral desde una única plataforma.

Los más conocidos son:

- InfoJobs: https://www.infojobs.net/
- Infoempleo: https://www.infoempleo.com/
- StudentJobs (orientado a jóvenes y estudiantes): https://www.studentjob.es/
- Miprimerempleo: https://www.primerempleo.com/
- Empléate: https://www.empleate.gob.es/
- Jobandtalent: https://www.jobandtalent.es/

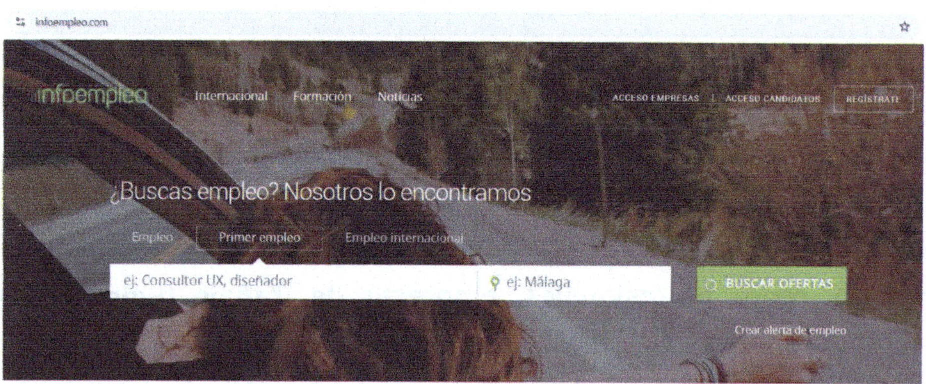

Fig. 12. Infoempleo también ofrece a las empresas servicios para facilitar la búsqueda y gestión del talento

Lo **metabuscadores de empleo** reúnen ofertas de múltiples fuentes (incluidas webs de empresas y otros portales). Los buscadores de empleo temáticos permiten encontrar rápidamente ofertas relacionadas con un puesto específico, como el reparto o la logística.

Algunos ejemplos son:

- Indeed: https://es.indeed.com/
- Jobrapido: https://es.jobrapido.com/
- Jobatus: https://www.jobatus.es/

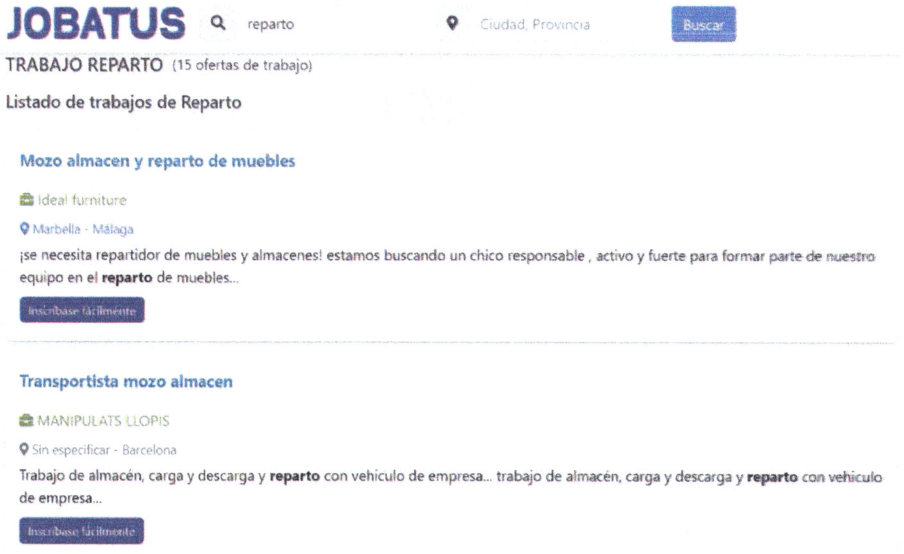

Fig. 13. Jobatus permite la suscripción a alertas de empleo para estar informado en todo momento de nuevas ofertas de trabajo

Respecto a las **redes profesionales,** estas permiten no solo buscar ofertas, sino también construir una red de contactos y mostrar la trayectoria profesional.

La mayor red social profesional es LinkedIn (https://es.linkedin.com/). Entre sus funcionalidades permite filtrar ofertas por nivel de experiencia, modalidad de trabajo y tipo de solicitud, facilitando el acceso a empleos cualificados y remotos.

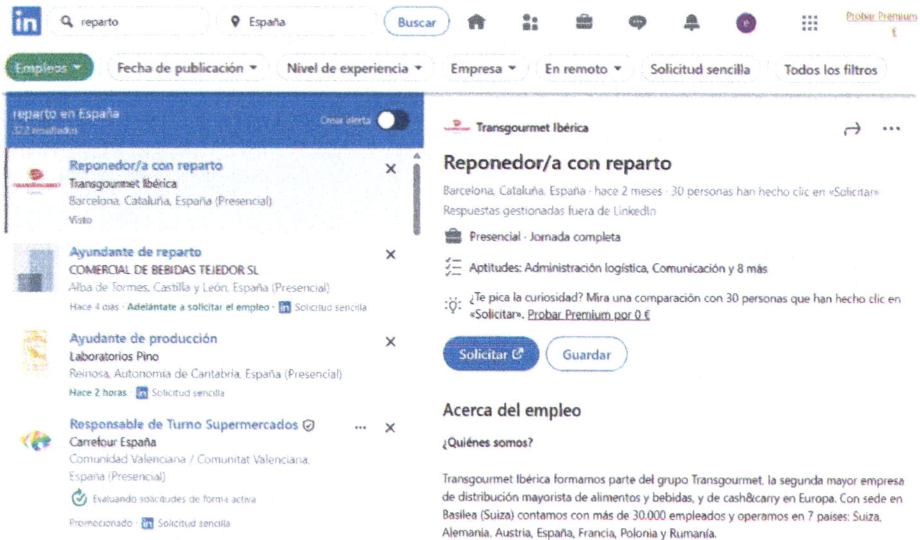

Fig. 14. En LinkedIn los usuarios pueden unirse a comunidades de interés, seguir a las empresas que les interese para estar al día de las novedades e incluso conectar con otros profesionales

Por último, están las **empresas de trabajo temporal (ETT).** Especializadas en la gestión de personal para otras empresas, especialmente para trabajos por campañas, refuerzos o sustituciones, también cuentan con sus propias páginas web para la búsqueda e inscripción en ofertas de empleo.

Algunas de las ETT más conocidas son:

- Adecco: https://www.adecco.es/
- Randstad: https://www.randstad.es/
- Grupo Eulen: https://www.eulen.com/es/
- Manpower: https://www.manpower.es/es
- Grupo Norte: http://grupo-norte.es/
- Agio Global: https://www.agioglobal.com/

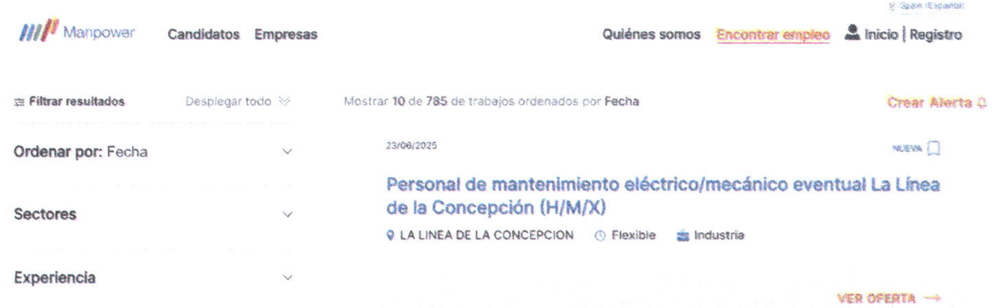

Fig. 15. Manpower permite crear alertas personalizadas para recibir notificaciones sobre nuevas ofertas que se ajusten al perfil profesional y ubicación deseada

Es recomendable visitar varias plataformas, ya que no todas publican las mismas ofertas. Algunas están más orientadas a empleo cualificado, otras a sectores específicos (logística, limpieza, administración, etc.).

3.4. Registro en algunos portales de empleo y/o redes sociales profesionales relacionados con las propias necesidades detectadas y perfil profesional

Registrarse en un portal de empleo permite crear un perfil digital, subir el currículum, recibir alertas personalizadas y postularse directamente a ofertas. También es útil para mantener actualizado el historial profesional.

En general, para todas las plataformas los pasos básicos para registrarse son:

1. Acceder a la web seleccionada, por ejemplo: www.infojobs.net, www.indeed.es, www.linkedin.com
2. Buscar el botón de Registro o Crear cuenta. Normalmente aparece como: "Regístrate", "Crear perfil", "Únete ahora".

3. Rellenar los datos solicitados: nombre completo, correo electrónico, usuario, contraseña, etc. A veces se pide fecha de nacimiento, lugar de residencia o nivel de estudios.
4. Confirmar el registro. Para ello, habrá que revisar el correo electrónico y hacer clic en el enlace de confirmación enviado por la plataforma.
5. Completar el perfil: subir el currículum vitae (.pdf o .docx), añadir experiencia laboral, formación, habilidades y preferencias de empleo.
6. Configurar alertas. La mayoría de los portales permiten una suscripción para recibir por email ofertas relacionadas con el perfil registrado.

Se recomienda utilizar siempre la misma dirección de correo electrónico profesional para registrarse en los distintos portales y tener un seguimiento más organizado.

Ejemplo

En Indeed, el registro se hace con un correo electrónico y una contraseña. Después se puede subir el CV, elegir una provincia y activar alertas para recibir nuevas ofertas.

A continuación, se expone un ejemplo del proceso de registro paso a paso en dos de las plataformas más utilizadas en la búsqueda de empleo digital: InfoJobs (portal de empleo generalista) y LinkedIn (red social profesional).

En primer lugar, para registrarse en **InfoJobs** hay que acceder a la página principal de www.infojobs.net. En la parte superior derecha de la pantalla, aparecen dos botones:

- **Acceso empresas** (para quienes buscan personal).
- **Acceso candidatos** (para quienes buscan empleo).

Se debe hacer clic en el botón **"ACCESO CANDIDATOS"** (color fucsia), tal como se muestra en la siguiente imagen:

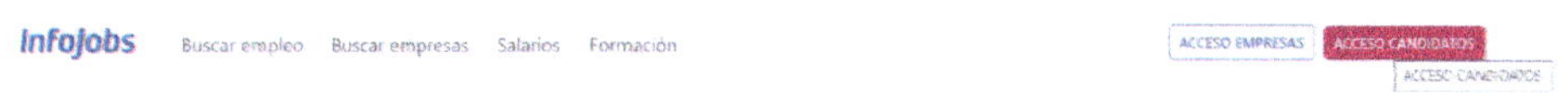

Fig. 16. Botón "Acceso candidatos"

En la pantalla de acceso para candidatos, si aún no se tiene una cuenta, hay que ir al recuadro de la derecha donde aparece la pregunta **"¿Eres nuevo/a?"**. Allí se muestran las ventajas de registrarse:

- Crear un currículum digital.
- Inscribirse en ofertas.
- Mantener el CV actualizado para recibir más oportunidades.

Hay que hacer clic en el botón azul **"REGÍSTRATE",** como se muestra en la imagen:

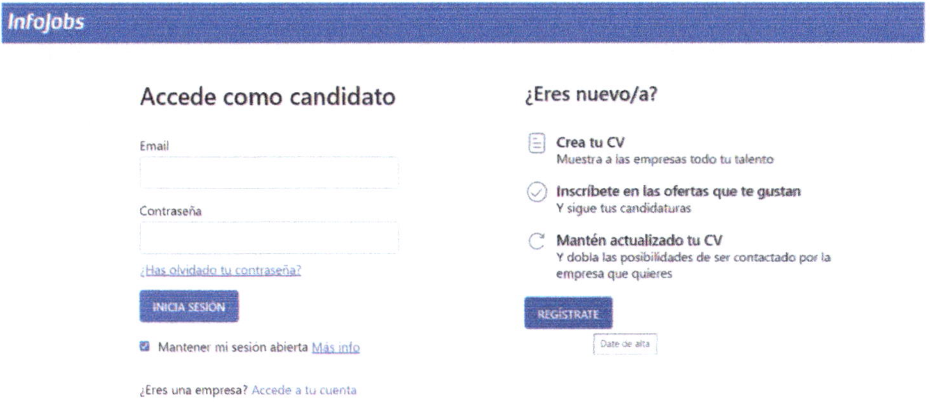

Fig. 17. Botón "Regístrate"

A continuación, se muestra la pantalla **"Crea tu cuenta".** Este es el primer paso de un total de cinco para completar el perfil. Se deben introducir los siguientes datos:

- Nombre.
- Primer apellido.
- Correo electrónico (activo y de uso frecuente).

- Contraseña segura (de preferencia, que combine letras, números y algún símbolo).

Después, es necesario marcar la casilla de aceptación de las condiciones legales y de privacidad. Una vez cumplimentado todo, hacer clic en el botón azul **"Crear cuenta"**.

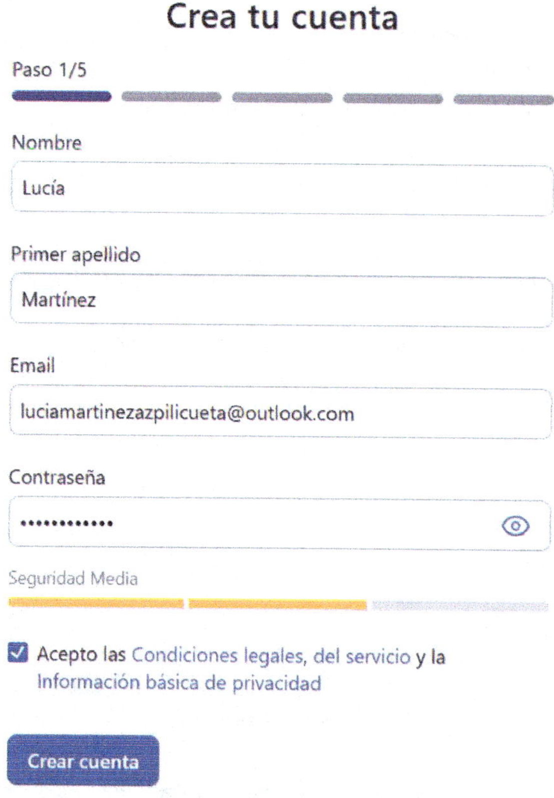

Fig. 18. Crea tu cuenta: paso 1/5

En el segundo paso del registro (paso 2/5), InfoJobs solicita algunos **datos personales** para localizar mejor las ofertas y vincular el perfil con el entorno geográfico de búsqueda. Se deben completar los siguientes campos:

- Fecha de nacimiento (opcional).
- Confirmación de edad: marcar la casilla "Soy mayor de 16 años".
- Género (opcional).
- Teléfono: número móvil personal de contacto.
- Residencia en España: marcar "Sí" o "No".
- Código postal.
- Provincia y población: seleccionar del menú desplegable o escribir el nombre.

Una vez introducidos los datos, pulsar el botón azul **"Guardar"** para continuar con el proceso.

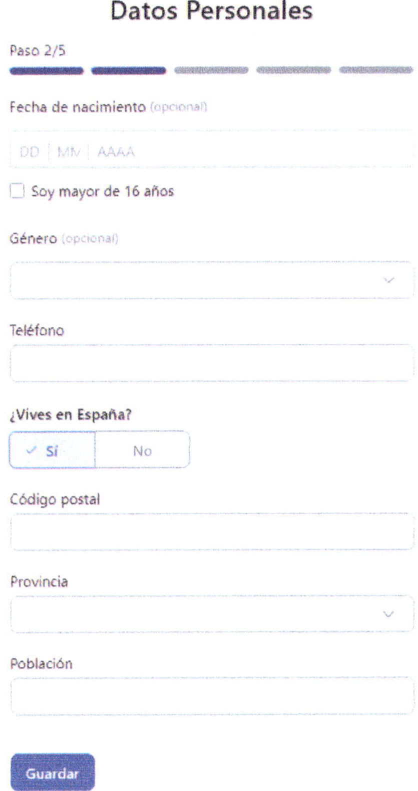

Fig. 19. Crea tu cuenta: paso 2/5

En el siguiente paso, InfoJobs ofrece la opción de **adjuntar un CV** ya preparado en formato PDF o Word (.doc o .docx). Este documento complementará la información introducida en el perfil y facilitará la inscripción en futuras ofertas de empleo. Las opciones que permite son:

- Seleccionar un archivo desde el ordenador haciendo clic en el botón "Seleccionar archivo".
- Arrastrar el CV directamente al recuadro marcado.
- Hacer clic en "Ahora no" si se prefiere subirlo más adelante.

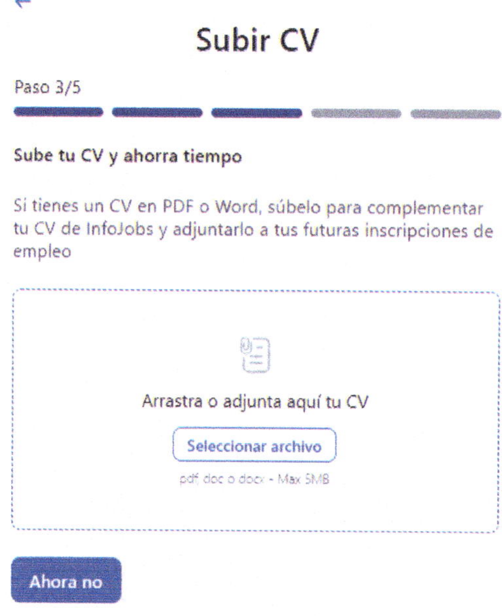

Fig. 20. Crea tu cuenta: paso 3/5

Anotación

InfoJobs ofrece una opción de activar la visibilidad del CV para que las empresas puedan encontrarte, aunque no hayan publicado ofertas activas.

En el paso posterior se recopila información sobre la **experiencia laboral** del usuario. Aunque algunos campos son opcionales, cuantos más datos se introduzcan, más posibilidades habrá de que el perfil resulte atractivo para las empresas. Se debe indicar:

- Si se está trabajando actualmente o no.
- Nombre de la empresa.
- Puesto ocupado.
- Habilidades adquiridas o aplicadas (por ejemplo: "control de stocks", "Java", "atención al cliente").
- Descripción del puesto: se recomienda describir las funciones realizadas, logros obtenidos y competencias desarrolladas.
- Fecha de inicio del trabajo.

Al final, se puede marcar la casilla para recibir ofertas relacionadas con ese puesto.

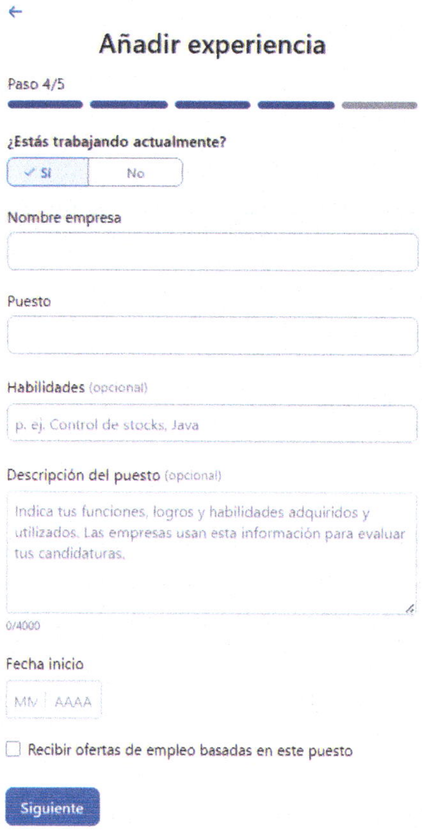

Fig. 21. Crea tu cuenta: paso 4/5

El último paso permite completar el perfil con la **formación académica.** Para ello, se solicita indicar:

- Si se tienen estudios.
- El nivel educativo alcanzado (ESO, Bachillerato, Ciclo Formativo, Grado, Máster, etc.).
- El nombre del centro educativo (opcional).
- Si se están cursando actualmente esos estudios.
- La fecha de inicio y fin de la formación.

Una vez completados los campos, basta con pulsar el botón **"Guardar".** Al finalizar este paso, el usuario puede comenzar a usar InfoJobs y seguir ampliando su perfil en cualquier momento.

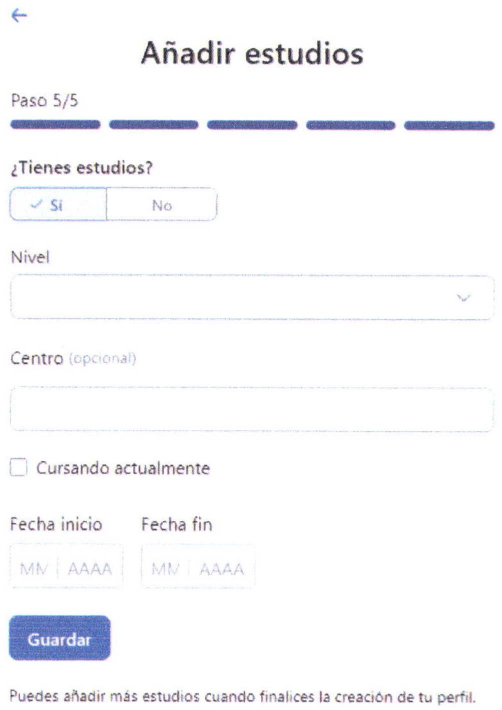

Fig. 22. Crea tu cuenta: paso 5/5

Por otro lado, para registrarse en **LinkedIn,** en el navegador, ir a la dirección: https://www.linkedin.com/login/es. Aparecerá la pantalla que se muestra en la siguiente imagen, donde se ofrece la opción de iniciar sesión si ya se dispone de una cuenta, o crear una nueva.

Se debe hacer clic en **"Unirse ahora",** que se encuentra abajo del botón de iniciar sesión.

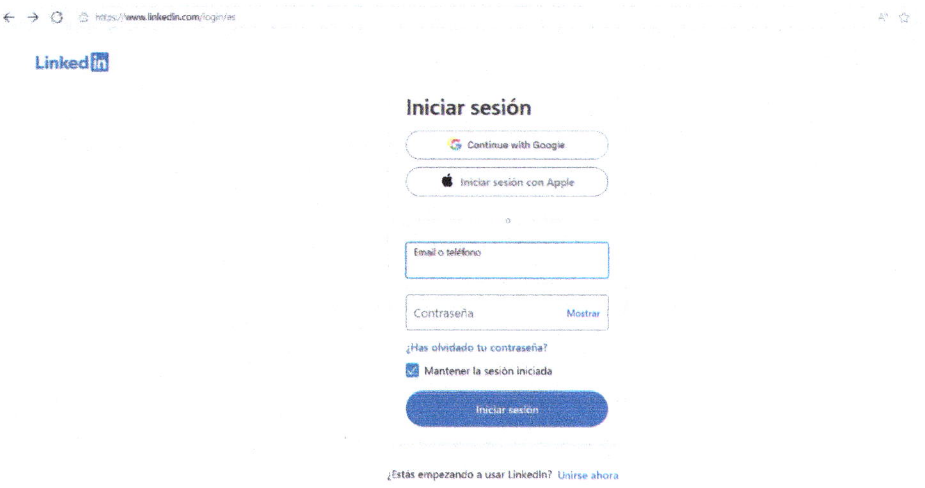

Fig. 23. Botón "Iniciar sesión" y "Unirse ahora"

Una vez pulsado este botón, se accede al formulario de creación de cuenta. Aquí se deben completar dos campos: email (se tiene que introducir una dirección de correo electrónico personal y activa) y contraseña (se debe crear una contraseña segura, de mínimo 6 caracteres, combinando letras y números si es posible). Después, hacer clic en el botón azul **"Aceptar y unirse"**.

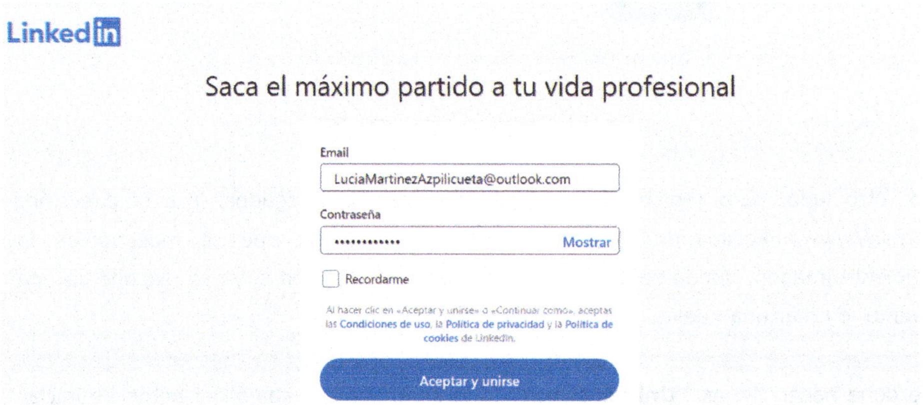

Fig. 24. Botón "Aceptar y unirse"

A continuación, se solicita completar los datos personales básicos: nombre (nombre de pila o nombre habitual) y apellidos. Una vez rellenados estos campos, se debe pulsar el botón azul **"Continuar"** para avanzar al siguiente paso del registro.

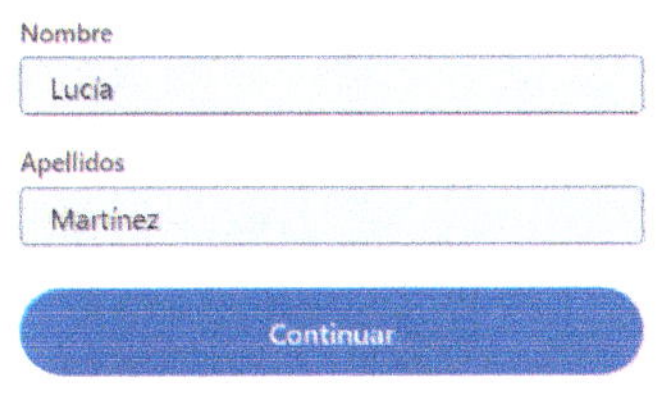

Fig. 25. Botón "Continuar"

Para finalizar el registro, LinkedIn solicita una **verificación de seguridad.** Esta medida sirve para garantizar que quien está creando la cuenta es una persona real. Se mostrará una ventana donde hay que:

- Seleccionar el país (por defecto aparecerá "España").
- Introducir el número de teléfono móvil sin espacios.
- Pulsar el botón azul "Enviar".

LinkedIn enviará un código de verificación por SMS, que se deberá introducir en el siguiente paso para completar el proceso.

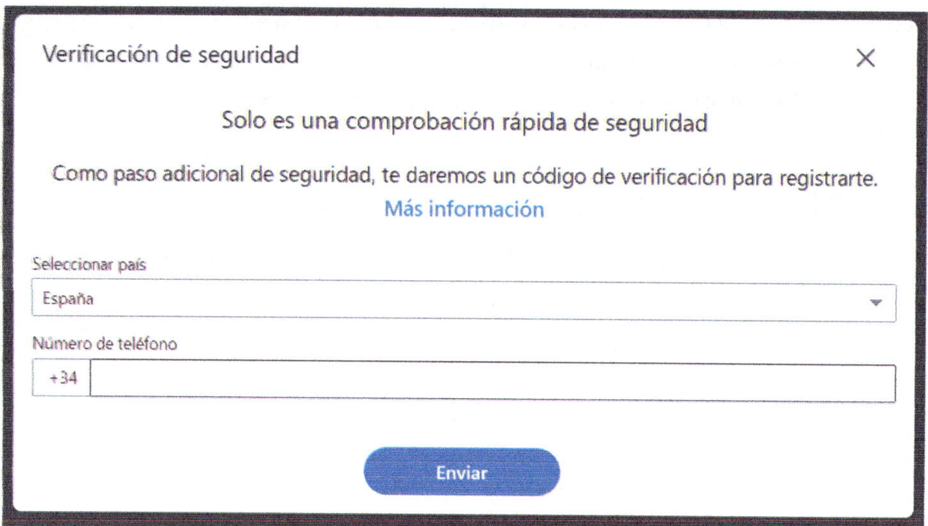

Fig. 26. Ventana de "Verificación de seguridad"

3.5. Cumplimentación de los datos personales, formativos y laborales requeridos en portales de empleo y/o redes sociales profesionales, considerando la privacidad y seguridad, para definir el perfil profesional

En el epígrafe anterior, se ha mostrado el registro y la introducción de los datos básicos. En este se va a mostrar cómo es completar el perfil, introduciendo los datos necesarios para que las empresas puedan conocer a la persona candidata y valorar su adecuación al puesto.

Los datos que normalmente se solicitan son:

- **Datos personales:**
    - Nombre y apellidos.
    - Dirección (ciudad, provincia; no siempre es necesario poner la calle).
    - Número de teléfono.
    - Correo electrónico.

- **Formación académica:**
    - o Nivel más alto alcanzado (ESO, Bachillerato, Formación Profesional, etc.).
    - o Cursos complementarios o certificados obtenidos.
    - o Fechas y centros de formación.

- **Experiencia laboral:**
    - o Puestos desempeñados.
    - o Nombre de la empresa y fechas.
    - o Funciones realizadas (brevemente).

- **Habilidades y competencias:** idiomas, informática, atención al cliente, carnet de conducir, etc.

- **Preferencias laborales:**
    - o Tipo de jornada (completa, parcial).
    - o Sector deseado.
    - o Provincia o área geográfica.

Un perfil bien cumplimentado mejora la visibilidad ante las empresas y permite recibir ofertas más ajustadas al perfil profesional.

Al compartir información en plataformas digitales, es fundamental **proteger los datos personales y seguir buenas prácticas,** como:

- No subir documentos que contengan datos sensibles (DNI, cuenta bancaria, dirección exacta, etc.).
- Revisar la configuración de privacidad. Por ejemplo, en algunas redes como LinkedIn se puede elegir quién ve el perfil.
- Evitar publicar información que no se desea compartir públicamente.
- No responder a ofertas sospechosas que pidan dinero, pagos previos o datos bancarios.

A continuación, continuando con el ejemplo de InfoJobs, se muestra cómo rellenar el perfil profesional en esta plataforma.

Una vez dentro de la plataforma y con la sesión iniciada, simplemente se debe hacer clic en la pestaña **"CV"** del menú superior. Este apartado permite visualizar y editar todos los datos que conforman el perfil profesional, desde la información personal hasta la experiencia laboral, estudios y habilidades.

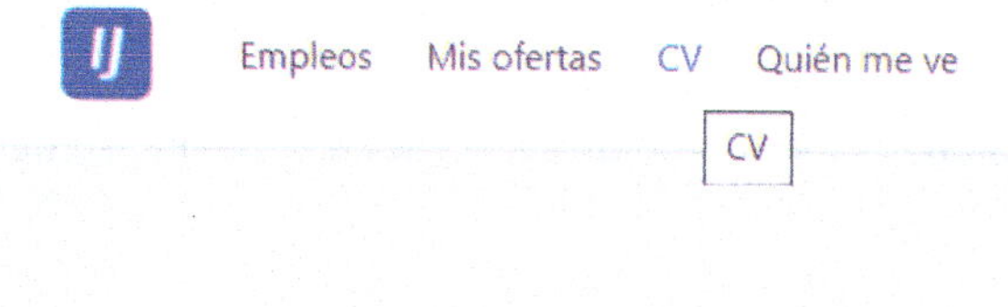

Fig. 27. Sección "CV"

Además de los datos personales, formativos y laborales básicos, la plataforma ofrece otros apartados complementarios que ayudan a definir mejor el perfil profesional. Desde el menú lateral **"Completa tu CV"** es posible añadir:

- Idiomas: nivel de comprensión, habla y escritura.
- Habilidades: competencias técnicas o personales (por ejemplo, atención al cliente, trabajo en equipo, uso de herramientas digitales).
- Otros datos: información adicional como disponibilidad, movilidad o carnet de conducir.
- Situación laboral: si se está trabajando actualmente, buscando empleo o disponible para empezar de inmediato.
- Preferencias: tipo de jornada deseada, sector profesional, ubicación preferente, entre otros.
- CV en texto: opción para redactar un resumen o presentación personal.

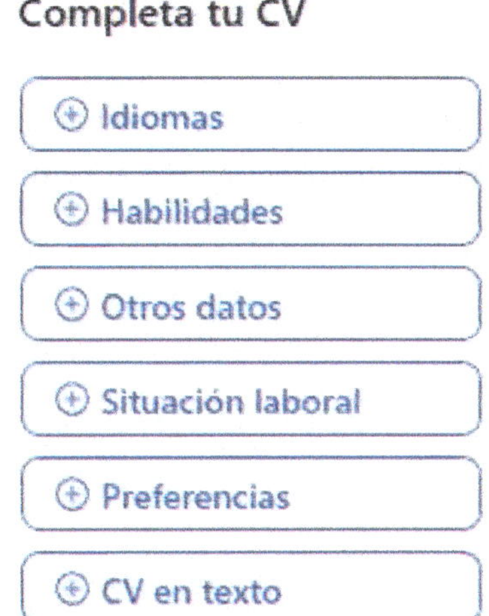

Fig. 28. Sección "Completa tu CV"

3.6. Realización de búsquedas de ofertas de trabajo en portales de empleo y/o redes sociales profesionales, según el propio perfil definido y opciones ofrecidas por los mismos

Con el perfil ya creado y optimizado, se puede comenzar a buscar ofertas activas adaptadas a las propias necesidades.

¿Cómo buscar ofertas de forma efectiva?

- **Usar el buscador de la plataforma:**
  - o Introducir palabras clave relacionadas con el puesto deseado (por ejemplo: "reponedor", "cajera", "administrativo", "limpieza", "operario").
  - o Seleccionar la provincia o ciudad donde se quiere trabajar.
  - o Filtrar por tipo de jornada, salario, antigüedad de la oferta, etc.

- **Navegar por categorías.** Muchas plataformas agrupan ofertas por sectores (logística, hostelería, atención al cliente...).

- **Activar alertas de empleo.** Como ya se ha mencionado, permiten recibir por email las nuevas vacantes que coincidan con el perfil creado.

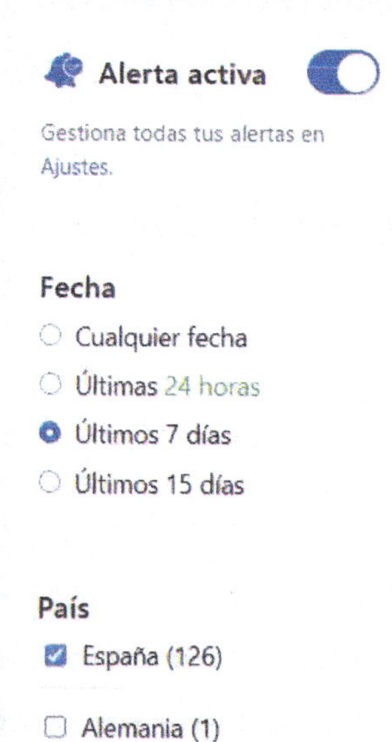

Fig. 29. Con la alerta activa, recibirás notificaciones automáticas de nuevas ofertas según tus filtros de búsqueda

- **Guardar o marcar como favoritas las ofertas interesantes.** Esto permite revisarlas después con calma o acceder rápidamente si se desea postular más adelante.

- **Postularse directamente:**
  - Una vez identificada una oferta que encaje con el perfil, se puede hacer clic en "Inscribirme" o "Solicitar empleo".
  - Algunas plataformas permiten adjuntar el CV directamente o utilizar el perfil completado como presentación.

En Indeed se puede buscar "mozo de almacén en Sevilla", aplicar el filtro "jornada completa", y pulsar sobre las ofertas para ver requisitos y forma de postulación.

Es recomendable revisar a diario o cada pocos días las nuevas ofertas, ya que muchas vacantes se cubren en poco tiempo.

3.7. Análisis y comparación de las ofertas de empleo seleccionadas

Cuando se encuentran varias ofertas que podrían encajar con el perfil profesional, es útil compararlas antes de decidir a cuáles postularse. Esto ayuda a seleccionar oportunidades realistas, con mejores condiciones o más afines a las propias necesidades.

¿Qué aspectos conviene comparar entre ofertas?

Puesto ofertado	¿Coincide con tu perfil y experiencia?
Ubicación del empleo	¿Puedes desplazarte? ¿Hay transporte público o es accesible?
Horario y jornada	¿Es jornada completa, parcial, por turnos, fines de semana...?
Tipo de contrato	¿Es temporal, indefinido, por campaña, prácticas...?
Requisitos mínimos	¿Se ajustan a tu formación y experiencia?
Salario (si aparece)	¿Está dentro de tus expectativas o necesidades personales?

Empresa ofertante	¿Tiene buena reputación? ¿Has trabajado antes con ellos?
Fecha de publicación	¿La oferta sigue activa o es antigua?

Ejemplo

Se observa en un portal de empleo dos ofertas diferentes de "auxiliar de limpieza":

- Oferta A: jornada parcial, cerca de casa, contrato temporal, salario medio.
- Oferta B: jornada completa, a 20 km, sin transporte público, contrato indefinido.

En este caso, conviene valorar la disponibilidad de transporte, las prioridades personales y el tipo de contrato antes de decidir.

Se puede usar una tabla sencilla en papel o en una hoja de cálculo para anotar y visualizar las diferencias, por ejemplo:

Empresa	Puesto	Jornada	Tipo contrato	Distancia	Salario aprox.
Limpiezas Sol	Aux. de limpieza	Parcial	Temporal	10 min	750 €
Grupo Norte	Aux. de limpieza	Completa	Indefinido	25 km	1.200 €

Anotación

Elegir bien a qué ofertas presentarse ahorra tiempo, evita frustraciones y mejora las posibilidades de conseguir un empleo adecuado.

3.8. Uso de las técnicas de entrevista, sonriendo, mirando a los ojos, comportándose de forma educada, aportando información concisa, concreta y sincera, entre otros

Una vez que has enviado tu currículum y carta de presentación a diferentes ofertas de empleo y has sido seleccionado, el siguiente paso es la entrevista. Esta es tu oportunidad para demostrar que eres el candidato ideal para el puesto.

Fig. 30. La entrevista de trabajo sirve para evaluar si el perfil del candidato encaja con el puesto y con la cultura de la empresa

La entrevista de trabajo es una conversación formal entre un/a candidato/a que busca empleo y un representante de la empresa (generalmente un reclutador, gerente o empleador).

En esta se suele preguntar sobre la formación y experiencia, habilidades blandas (trabajo en equipo, comunicación, liderazgo). Además, se proporciona información detallada sobre el puesto y la empresa.

¿Para qué sirve una entrevista de trabajo?

- Para que la empresa conozca mejor al candidato, más allá del currículum.
- Para que el candidato demuestre sus habilidades, experiencia y motivación.
- Para resolver dudas sobre el puesto o la organización.
- Para que ambas partes evalúen si quieren trabajar juntas.

Algunos ejemplos de tipos de entrevistas comunes son:

- **Entrevista individual:** cara a cara con un entrevistador.
- **Entrevista grupal:** varios candidatos al mismo tiempo.
- **Entrevista por competencias:** basada en ejemplos de comportamientos pasados.
- **Entrevista por videollamada:** muy usada hoy en día.
- **Entrevista telefónica:** como primer filtro.

Superar con éxito una entrevista de trabajo requiere algo más que cumplir con los requisitos técnicos del puesto. También es importante mostrar actitudes y comportamientos adecuados, ya que las empresas valoran tanto las competencias como la forma de comunicarse y relacionarse.

Las principales técnicas y actitudes recomendadas en una entrevista son:

- **Buena presencia y puntualidad:** ir aseado/a, con ropa adecuada al tipo de empleo. Además, es recomendable llegar con unos minutos de antelación.

- **Saludar con cortesía:** saludo breve y formal (por ejemplo, "Buenos días, encantado/a").

- **Mirar a los ojos (sin intimidar) y sonreír:** transmite seguridad, sinceridad y actitud positiva.

- **Escuchar con atención antes de responder:** no interrumpir y demostrar interés por lo que se pregunta.

- **Responder de forma clara, breve y concreta:** evitar rodeos o información irrelevante. Ir al grano.

- **Ser sincero/a:** no inventar experiencias o habilidades. Mejor reconocer limitaciones y mostrar voluntad de aprender.

- **Mostrar motivación y disposición:** expresar interés por formar parte de la empresa, por aprender y aportar.

- **Agradecer la oportunidad:** despedirse educadamente, agradeciendo el tiempo dedicado.

Un ejemplo de respuesta adecuada sería el siguiente:

"He trabajado como auxiliar de tienda durante dos años. Mis funciones incluían la atención al cliente, reposición de productos y cobro en caja. Me adapto bien al trabajo en equipo y estoy disponible para incorporación inmediata."

Aunque sea una entrevista por videollamada o teléfono, las mismas normas de cortesía y actitud positiva se aplican.

Resumen

La búsqueda de empleo en la actualidad exige el dominio de herramientas digitales básicas que permitan no solo elaborar y presentar un currículum de forma profesional, sino también navegar con eficacia por los distintos canales digitales donde se publican ofertas. Por ello, uno de los primeros pasos fundamentales consiste en identificar las propias necesidades laborales y definir un perfil profesional claro, lo que facilitará la creación de un currículum adaptado al sector, al tipo de puesto deseado y a los requisitos más habituales.

El currículum debe elaborarse en un formato adecuado, habitualmente cronológico inverso, destacando la formación y experiencia más reciente. Su redacción debe incluir una presentación breve del perfil profesional, los datos de contacto actualizados, una organización clara de los contenidos y una ortografía impecable. Además, en los casos en que sea relevante, se pueden incluir muestras de trabajos previos, enlaces a portafolios o imágenes profesionales, siempre presentadas con criterio y sin vulnerar la privacidad.

Para mejorar la visibilidad ante empresas que utilizan sistemas de seguimiento de candidatos (ATS), es necesario estructurar el currículum de forma limpia, sin gráficos complejos ni tablas decorativas, empleando palabras clave relacionadas con el puesto y conservando el documento en formato PDF o Word legible por software automatizado.

Una vez elaborado el currículum, el siguiente paso consiste en localizar posibles empleadores mediante búsquedas en internet, usando palabras clave que relacionen profesión y localidad. Se pueden identificar empresas concretas o visitar portales de empleo, redes profesionales o plataformas de trabajo temporal. Tras seleccionar las empresas u ofertas de interés, es necesario revisar la vía de contacto que ofrecen (correo electrónico, formulario web o plataformas externas) y enviar el currículum acompañado, si corresponde, de una carta de presentación breve y orientada a cada caso.

Por otro lado, también están los principales portales y metabuscadores de empleo (InfoJobs, Empléate, Indeed, entre otros), y redes profesionales como LinkedIn. En estas plataformas se debe completar un perfil personal que incluya datos académicos, experiencia profesional, habilidades, preferencias de empleo y ubicación. Es fundamental proteger la privacidad digital, evitando la publicación de datos sensibles y controlando la visibilidad de la información. Una vez registrado, se pueden realizar búsquedas filtradas de ofertas según el propio perfil, configurar alertas de empleo, guardar vacantes de interés y postularse directamente.

Además, están las estrategias para analizar y comparar ofertas en función de criterios como jornada, tipo de contrato, localización o salario, permitiendo tomar decisiones más informadas y realistas.

Finalmente, hay una serie de habilidades básicas para superar entrevistas de trabajo, destacando la importancia de la actitud, como: mirar a los ojos, sonreír, hablar con claridad, ser sincero y mostrar interés.

Glosario

Adjuntar archivo

Acción de incluir un documento digital (como un currículum) en un correo electrónico o formulario online.

Applicant Tracking System (ATS)

Sistema automatizado utilizado por las empresas para leer y filtrar currículums en formato digital, buscando palabras clave y estructura clara.

Competencias profesionales

Conjunto de habilidades, conocimientos y actitudes que una persona posee y que son útiles para desempeñar un trabajo.

Empleabilidad

Capacidad de una persona para encontrar, mantener y progresar en un empleo, adaptándose a las exigencias del mercado laboral.

Oferta de empleo

Anuncio publicado por una empresa para cubrir un puesto de trabajo. Incluye funciones, requisitos, condiciones y forma de postulación.

Perfil profesional

Descripción breve que resume quién es la persona candidata, qué experiencia tiene y qué tipo de empleo busca.

Portal de empleo

Sitio web donde las empresas publican ofertas de trabajo y las personas pueden buscar empleo, registrarse y postularse (por ejemplo, InfoJobs o Empléate).

Red social profesional

Plataforma digital centrada en la trayectoria laboral y el networking profesional.

Registro en plataforma

Proceso de crear una cuenta personal en un portal de empleo o red profesional, introduciendo datos personales y profesionales.

Sector profesional

Área o campo de actividad económica donde se agrupan determinados tipos de empleo (por ejemplo, logística, comercio, hostelería).

Ejercicios de autoevaluación

1. ¿Cuál es el objetivo principal del currículum vitae?

    a. Mostrar de forma clara la trayectoria profesional y formativa.

    b. Presentar la vida personal en detalle.

    c. Solicitar ayudas económicas.

    d. Enviar información médica a la empresa.

2. ¿Qué tipo de currículum organiza la experiencia de forma cronológica inversa?

    a. Funcional.

    b. Cronológico.

    c. Aleatorio.

    d. Combinado por secciones.

3. ¿Qué dato es esencial revisar antes de enviar el currículum?

    a. Grupo sanguíneo.

    b. Estado civil.

    c. Dirección de correo electrónico.

    d. Número de hermanos.

4. ¿Cuál es el formato más recomendable para guardar el currículum al enviarlo por email?

    a. .jpg.

    b. .pdf.

    c. .zip.

    d. .xls.

5. En un currículum optimizado para ATS, ¿qué se debe evitar?

   a. Tablas decorativas complejas.
   b. Palabras clave.
   c. Estructura clara.
   d. Texto plano.

6. ¿Cuál de los siguientes es un portal público de empleo en España?

   a. Indeed.
   b. InfoJobs.
   c. Empléate.
   d. StudentJobs.

7. ¿Qué red social profesional permite mostrar la trayectoria laboral y buscar empleo?

   a. Instagram.
   b. LinkedIn.
   c. TikTok.
   d. WhatsApp.

8. ¿Cuál es una empresa de trabajo temporal (ETT)?

   a. Europass.
   b. Adecco.
   c. Zety.
   d. Dropbox.

9. ¿Cuál de estas prácticas NO es recomendable en una entrevista de trabajo?

a. Ser puntual.

b. Escuchar con atención.

c. Hablar con claridad.

d. Interrumpir constantemente.

10. ¿Qué tipo de información NO debería incluirse en un currículum?

a. Formación académica.

b. Experiencia profesional.

c. Número de cuenta bancaria.

d. Habilidades técnicas.

Módulo 2. Competencias digitales básicas para el empleo por cuenta propia

Introducción

Emprender en la era digital requiere no solo de una idea de negocio viable, sino también de la adquisición de habilidades tecnológicas que permitan desenvolverse con eficacia en entornos digitales. Desde la compra de materiales a través de plataformas electrónicas, hasta la venta de productos y servicios en marketplace digitales, el autoempleo exige competencias que faciliten la gestión online de un negocio.

En este módulo se abordarán las competencias digitales esenciales para operar por cuenta propia, especialmente en escenarios de comercio electrónico y relaciones digitales con la administración. Esto incluye desde el uso básico de portales de compra y venta, hasta el manejo del certificado digital para realizar gestiones administrativas.

Además, se promoverán habilidades como una actitud positiva hacia la tecnología, la autonomía y la responsabilidad en su uso, con especial atención a la seguridad, legalidad y protección de datos.

Objetivos

- Identificar y utilizar plataformas digitales de compra de bienes, productos y servicios, comparando precios, condiciones de envío y formas de pago de manera segura y eficiente.
- Utilizar herramientas digitales para la venta de productos y servicios, adaptando las estrategias comerciales a diferentes plataformas de venta online, según el tipo de producto o servicio ofertado.
- Aplicar conceptos básicos legales y técnicos relacionados con el comercio electrónico, incluyendo derechos del consumidor, licencias, devoluciones y gestión de incidencias.
- Manejar el certificado digital y otros sistemas de identidad electrónica, accediendo y realizando gestiones ante organismos públicos a través de medios digitales.
- Comprender y aplicar principios de privacidad, protección de datos y ciberseguridad en todas las actividades digitales vinculadas al autoempleo.
- Desarrollar una actitud emprendedora proactiva en entornos digitales, mostrando iniciativa, organización y capacidad para relacionarse con clientes y administraciones mediante herramientas TIC.
- Fomentar una visión crítica y responsable del uso de la tecnología, reconociendo tanto sus posibilidades como sus límites en el contexto del autoempleo.

1. Adquisición de bienes, productos y servicios a través de webs y plataformas de comercio electrónico

En el contexto del autoempleo, la capacidad de realizar compras online con criterio y seguridad resulta clave para gestionar eficazmente recursos y necesidades del negocio. Ya se trate de adquirir materiales de trabajo, herramientas, servicios digitales o productos para reventa, conocer el funcionamiento de las plataformas de comercio electrónico y dominar sus herramientas básicas permite ahorrar tiempo, optimizar el presupuesto y evitar errores frecuentes.

1.1. Identificación de las necesidades de compra en relación con las propias necesidades

El primer paso para utilizar de forma eficiente las plataformas de comercio electrónico es definir con claridad lo que se necesita adquirir. Esta identificación evita gastos innecesarios, permite comparar mejor las opciones y favorece una planificación adecuada.

Para determinar las necesidades de compra se recomienda:

- **Establecer objetivos concretos:** ¿Se necesita un producto para producir, para vender, para uso personal dentro del negocio, o para realizar gestiones administrativas?
- **Especificar características clave:** dimensiones, capacidad, funciones, compatibilidad con otros equipos, etc.
- **Evaluar la urgencia y la frecuencia de uso:** si es algo puntual o recurrente.
- **Determinar un presupuesto máximo** disponible para cada compra.

Claudia es una trabajadora autónoma que ha lanzado recientemente una tienda online de productos cosméticos naturales elaborados artesanalmente. Su negocio está en expansión y, para seguir creciendo de forma ordenada y rentable, decide utilizar una plataforma de comercio electrónico para adquirir insumos y servicios clave. Para evitar compras impulsivas o innecesarias, comienza por identificar detalladamente sus necesidades reales.

Primero, establece sus objetivos: busca productos y servicios que le permitan aumentar la capacidad de producción, mejorar la presentación de sus artículos y reforzar su imagen de marca.

Con ello en mente, distingue tres tipos de necesidades:

1. Materiales para producción: incluye aceites esenciales, envases reciclables, etiquetas biodegradables y materias primas para la fabricación de jabones y cremas. Evalúa qué cantidades necesita en función de sus ventas mensuales, y decide priorizar proveedores con envíos rápidos y certificados de calidad.

2. Herramientas tecnológicas: necesita una balanza de precisión digital para dosificar ingredientes, una impresora de etiquetas resistente al agua, y eventualmente una selladora al vacío para conservar productos frescos. Aquí especifica dimensiones, compatibilidad con el espacio de trabajo y necesidades eléctricas.

3. Servicios auxiliares: para reforzar la presencia digital de su tienda, busca contratar un servicio de fotografía de producto profesional, además de la creación de una plantilla de newsletter para fidelizar clientas. Considera el coste, la calidad del portafolio y la posibilidad de contratar paquetes o tarifas planas.

Después, evalúa la urgencia y frecuencia de cada una de estas necesidades: las materias primas se reponen mensualmente; las herramientas pueden adquirirse de forma escalonada; los servicios creativos son puntuales pero estratégicos en el corto plazo.

Por último, establece un presupuesto mensual máximo de 500 euros para compras en plataformas digitales. Así, puede priorizar adquisiciones según su rentabilidad e impacto directo en el negocio.

Gracias a esta planificación, Claudia no solo evita gastos innecesarios, sino que mejora su capacidad para comparar opciones y negociar condiciones más ventajosas con distintos proveedores online.

1.2. Manejo de la terminología utilizada en el ámbito digital del comercio electrónico (plataforma de comercio electrónico, portal, marketplace, certificado electrónico, entre otros)

Comprender el vocabulario básico del comercio electrónico es imprescindible para poder desenvolverse con autonomía en las plataformas de compra y venta. A continuación, se definen algunos de los términos más relevantes.

- **Plataforma de comercio electrónico.** Sitio web o aplicación que permite la compra y/o venta de productos y servicios, por ejemplo, Amazon, AliExpress, Wallapop.

- **Portal.** Sitio web que sirve de punto de entrada o agregador de servicios. A veces se utiliza como sinónimo de plataforma, aunque en contextos más amplios puede ofrecer múltiples funcionalidades (información, foros, servicios añadidos).

- **Marketplace.** Entorno digital donde varios vendedores ofrecen sus productos a través de una plataforma común, gestionada por un tercero.

Amazon Marketplace permite que muchos vendedores publiquen sus productos en la misma web que la propia Amazon.

- **Certificado electrónico.** Fichero digital que acredita la identidad de una persona o empresa en Internet. Permite firmar documentos, acceder a servicios públicos o realizar compras con autenticación reforzada, como, por ejemplo, certificado FNMT, DNI electrónico…

- **Carrito de compra.** Funcionalidad que permite al usuario añadir productos mientras navega por la plataforma antes de realizar el pago.

Fig. 1. La cesta permite revisar los productos seleccionados antes de finalizar la compra en la plataforma

- **Pasarela de pago.** Herramienta que conecta la plataforma de comercio con la entidad financiera para procesar pagos de forma segura, por ejemplo, Stripe, PayPal, Redsys.

- **Cuenta de usuario.** Perfil creado por el comprador o vendedor dentro de la plataforma, donde se registran datos personales, pedidos, historial de compras y métodos de pago.

- **Condiciones de envío.** Información relativa a los plazos, costes y formas de entrega del producto adquirido.

1.3. Visita a la web de las principales plataformas de comercio electrónico (a título ilustrativo, Amazon, eBay, El Corte Inglés, Aliexpress, Wallapop, entre otros)

Para adquirir productos o servicios a través de Internet, es fundamental conocer y explorar las plataformas de comercio electrónico más utilizadas. Cada una tiene sus propias características, condiciones de venta, políticas de seguridad y herramientas de búsqueda.

A continuación, se describen algunas de las más representativas.

En primer lugar, una de las más grandes es **Amazon** (https://www.amazon.es/). Esta es un marketplace global que se caracteriza por contar con gran variedad de productos (tecnología, moda, hogar, alimentación, libros…), opciones Prime (envío gratis en 24h, contenido en *streaming* y ventajas exclusivas), interfaz clara, seguimiento de pedidos, múltiples métodos de pago, etc.

Destaca por su multitud de valoraciones y comentarios de compradores reales, y por ofrecer un servicio posventa eficaz y con garantía de devolución.

Al acceder a su sitio web, se puede observar una página muy ordenada y personalizada según el historial o ubicación.

Se pueden ver varios banners con ofertas diarias, productos recomendados y categorías populares, pero se puede buscar cualquier cosa desde el buscador superior.

Además, se puede **comprar con un solo clic** si se tiene cuenta y método de pago guardado.

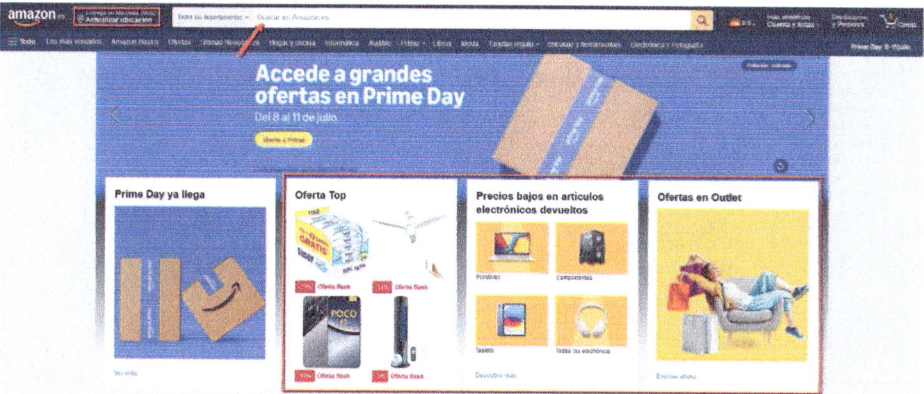

Por otro lado, está **eBay** (https://www.ebay.es/) que es un tipo de plataforma de subastas y venta directa. Entre sus características, cabe destacar que se lleva a cabo compraventa entre particulares y empresas, subastas online en tiempo real, valoraciones tanto de compradores como de vendedores, protección al comprador en caso de disputas, entre otras.

Importante

eBay destaca por su fuerte presencia de productos de segunda mano y coleccionismo.

Respecto a su interfaz, es más sencilla que Amazon, pero con muchas categorías bien organizadas. Se pueden ver artículos de vendedores particulares o tiendas, nuevos y usados, muchos con opción de subasta o precio fijo.

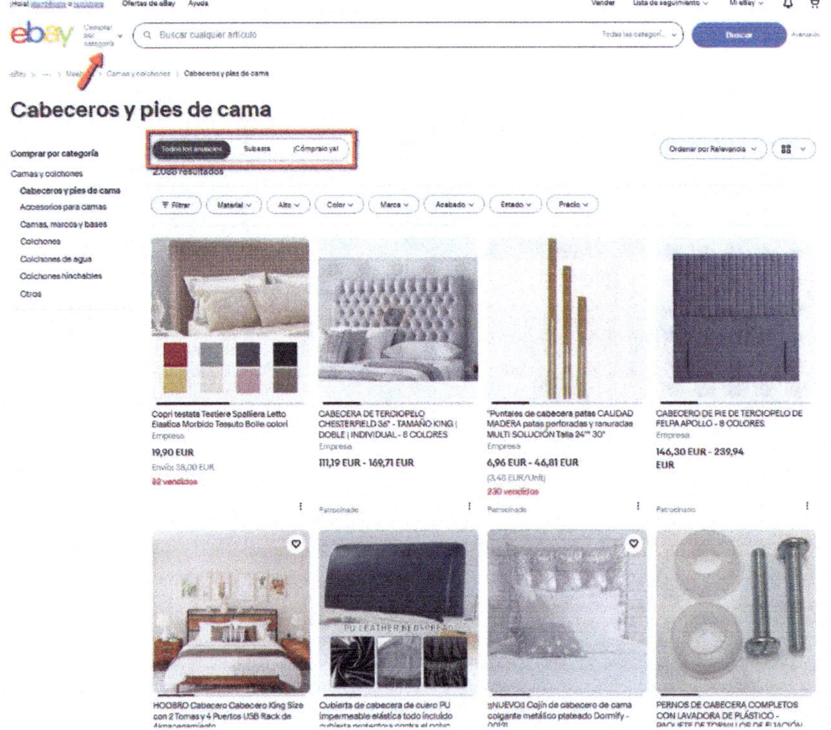

El **Corte Inglés** (https://www.elcorteingles.es/) es una empresa que cuenta con tienda propia + marketplace y que gestiona venta directa y de terceros. Orientada a productos de calidad y marcas reconocidas destaca por su enfoque nacional, reputación consolidada, financiación, etc.

Entre sus características principales cabe señalar:

- Envíos y devoluciones fáciles, posibilidad de recoger en tienda.
- Ofertas especiales con su tarjeta de cliente.
- Gran catálogo nacional, con atención al cliente muy valorada.
- Promociones ligadas a eventos como rebajas, Semana Fantástica o Navidad.

Su web refleja el estilo de los grandes almacenes: elegante, formal y estructurada. En la portada hay secciones destacadas como moda, tecnología, hogar y supermercado.

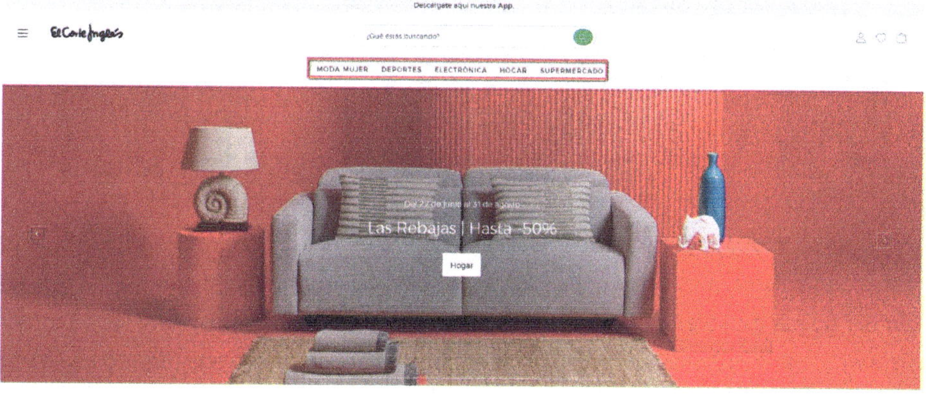

AliExpress (https://es.aliexpress.com/) es un marketplace internacional con productos mayoritariamente asiáticos (China) que destaca sobre todo por:

- Precios muy bajos y una gran variedad de productos (millones).
- Ideal para productos baratos, aunque con tiempos de envío más largos.
- Valoraciones de productos y fotos de compradores reales.
- Protección al comprador: si no llega o llega mal, se puede reclamar.

- Cupones y promociones frecuentes.

Su web destaca por sus colores vivos y por su oferta de productos a precios bajos. En portada hay banners de ofertas flash y descuentos. Además, cuenta con un buscador muy usado para encontrar *gadgets,* ropa, accesorios…

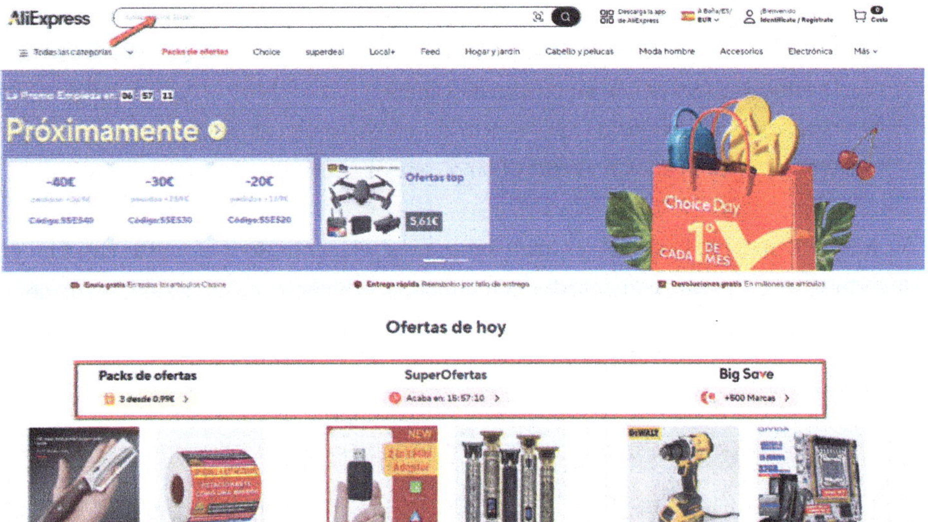

Por último, **Wallapop** (https://es.wallapop.com/) es una plataforma de compraventa entre particulares con fuerte presencia en el mercado de segunda mano. Se caracteriza por su buena geolocalización, comunicación directa entre usuarios, su chat integrado para negociar directamente con el vendedor, sus opciones de entrega (entrega en mano o con envío), etc.

Su interfaz destaca por la geolocalización (puedes ver productos cercanos a tu zona) y por su gran variedad de fotos de objetos usados en formato tipo catálogo.

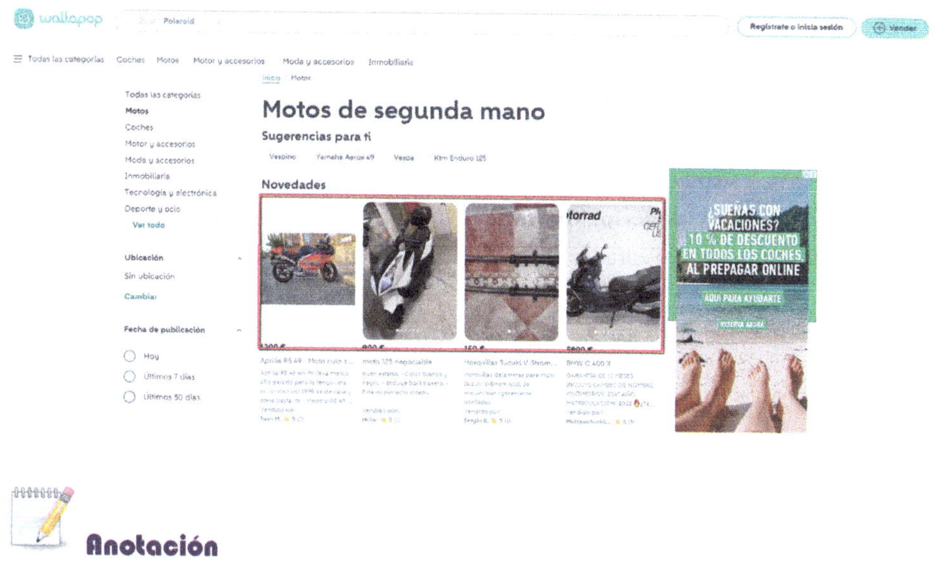

Anotación

Wallapop es una plataforma perfecta para hacer compras o ventas locales de forma rápida. Muy usada para vender ropa, muebles, tecnología o coches de segunda mano.

1.4. Utilización del sistema de búsqueda de las propias plataformas de comercio electrónico para encontrar bienes y productos

Una de las habilidades esenciales en el uso de plataformas de comercio electrónico es saber buscar de forma eficaz los productos que se desean adquirir. Esto implica entender el funcionamiento de los buscadores internos de cada sitio, aplicar filtros, usar palabras clave precisas y analizar los resultados.

Los elementos comunes del sistema de búsqueda son los siguientes:

- **Barra de búsqueda.** Ubicada habitualmente en la parte superior, permite introducir palabras clave relacionadas con el producto deseado.

- **Filtros o categorías.** Permiten refinar los resultados según precio, marca, tipo de envío, valoraciones, estado del producto (nuevo/usado), entre otros.
- **Resultados sugeridos.** Aparecen mientras se escribe o tras la búsqueda inicial.
- **Valoraciones y comentarios.** Ayudan a elegir productos según la experiencia de otros usuarios.
- **Imágenes y descripción breve.** Permiten visualizar de forma rápida el producto en los resultados.

Vocabulario

- **Palabra clave:** término principal para iniciar una búsqueda.
- **Filtro:** criterio que limita los resultados a una característica concreta.
- **Resultado patrocinado:** producto promocionado que aparece destacado en las primeras posiciones.

Ejemplo

En Amazon, si se introduce en la barra de búsqueda "impresora térmica etiquetas", aparecerán decenas de resultados.

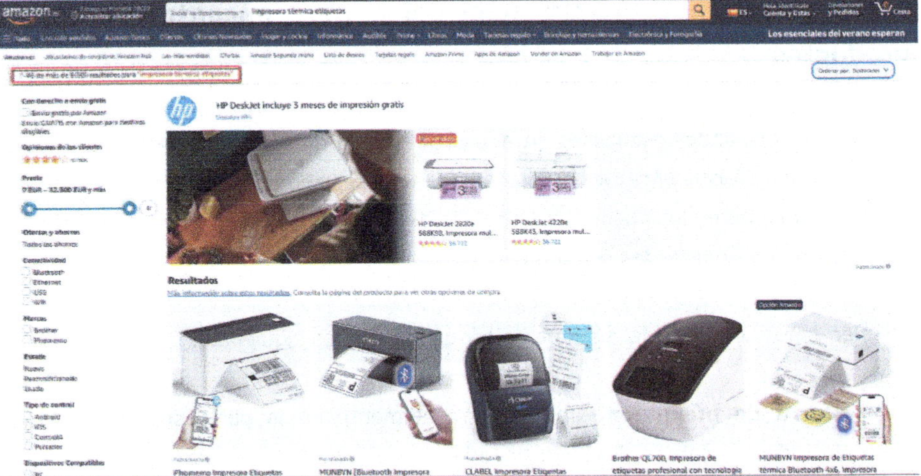

Usando los filtros (por ejemplo: valoración de 4 estrellas o más, envío Prime, rango de precio), el número de resultados se reduce y se ajusta mejor a las necesidades reales del comprador.

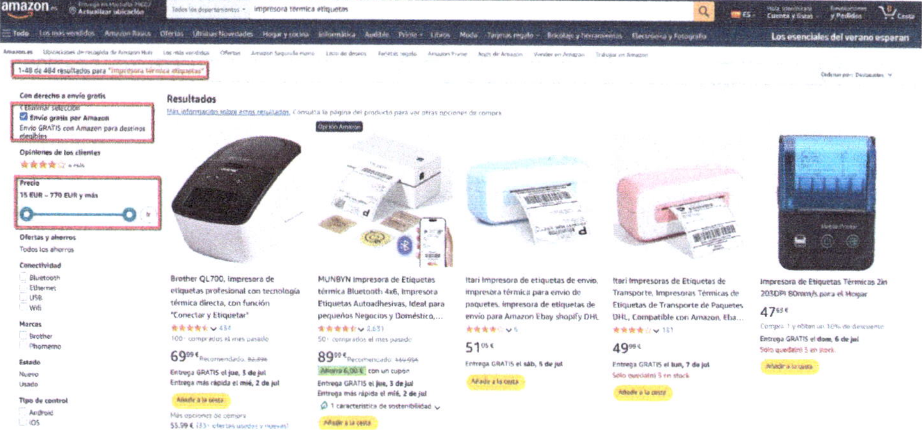

1.5. Selección de los productos de interés y comparar sus características (precio, tiempo y coste de envío, entre otros) entre diferentes plataformas de comercio electrónico

Una vez localizados los productos que podrían interesar, es necesario evaluarlos con criterio antes de realizar la compra. Las plataformas digitales suelen ofrecer múltiples opciones para un mismo producto, pero con diferencias importantes que deben analizarse para tomar una decisión informada.

Los criterios de comparación habituales son:

- **Precio total.** Incluye el precio base más los impuestos y los gastos de envío.

- **Tiempo estimado de entrega.** Algunas plataformas ofrecen envío en 24-48 horas, otras pueden tardar semanas, especialmente si proceden de otros países.

Ejemplo

Amazon muestra opciones de entrega rápida y gratuita según el importe del pedido y el tiempo restante para confirmar la compra.

8⁶⁰ €

Devoluciones GRATIS ⌄

Entrega GRATIS el **domingo, 29 de junio** en pedidos enviados por Amazon de más de 35€. Ver detalles

entrega más rápida **hoy antes de las 23:00**. Haz el pedido en 1 hora 19 mins. Ver detalles

- **Coste del envío.** Puede ser gratuito en determinados casos (por importe mínimo, promociones, servicios tipo Prime, etc.), o tener tarifas variables.

- **Valoraciones y reseñas de otros compradores.** Ofrecen información real sobre la calidad del producto y la fiabilidad del vendedor.

- **Política de devoluciones.** Debe estar claramente especificada y ser accesible.

- **Fiabilidad de la plataforma y del vendedor.** Se recomienda comprar en sitios con buena reputación o mediante vendedores verificados.

Se desea adquirir una cámara web para videoconferencias, las opciones son:

- En Amazon, el producto cuesta 35 €, con envío gratuito en 48 h para usuarios Prime.
- En AliExpress, el mismo modelo cuesta 27 €, pero el envío tarda 3 semanas y no hay opción de devolución gratuita.
- En eBay, está disponible a 31 €, con entrega en 5 días, pero vendido por un particular sin garantía extendida.

Aunque AliExpress ofrece el precio más bajo (27 €), los tiempos de entrega largos (3 semanas) y la devolución no gratuita son factores negativos, especialmente si se necesita la cámara con urgencia o hay dudas sobre su calidad.

eBay, con un precio intermedio (31 €) y entrega en 5 días, no ofrece garantía extendida ni la seguridad de una tienda oficial, ya que el vendedor es un particular. Esto reduce la fiabilidad en caso de problemas posteriores.

Por otro lado, Amazon, aunque es la opción más cara (35 €), ofrece:

- Entrega rápida (48h).
- Envío y devoluciones gratuitas (con Prime).
- Mayor seguridad en la compra (soporte al cliente, posibilidad de devolución sin problemas).
- Valoraciones confiables de miles de usuarios.

Por lo que comprar la cámara web en Amazon es la mejor opción en este caso, ya que ofrece un equilibrio ideal entre rapidez, fiabilidad, calidad del servicio posventa y política de devoluciones. Aunque cuesta 8 € más que en AliExpress, las ventajas logísticas y de seguridad compensan la diferencia de precio, especialmente si se necesita el producto con prontitud y confianza.

1.6. Cumplimentación de los datos de envío (dirección y titular), considerando la privacidad y cesión de datos personales

Al finalizar la compra, las plataformas de comercio electrónico solicitan introducir información necesaria para la entrega del producto.

Los datos normalmente requeridos son:

- Nombre y apellidos del destinatario
- Dirección completa: calle, número, escalera, código postal, ciudad, provincia.
- Teléfono de contacto: utilizado por empresas de mensajería.
- Correo electrónico: para confirmaciones de pedido y seguimiento.
- DNI/NIE (solo en ciertos casos, especialmente en envíos internacionales).

Esta información se debe introducir correctamente y con conciencia de su relevancia en materia de privacidad.

Algunas buenas prácticas respecto a la privacidad son las siguientes:

- Asegurarse de que la web es segura (el navegador debe mostrar un candado y empezar por "https").
- Leer la política de privacidad de la plataforma.
- Utilizar cuentas de usuario con contraseñas seguras.
- Evitar compartir información más allá de lo estrictamente necesario para la entrega.
- Revisar si los datos se almacenan para futuras compras y si se permite eliminarlos posteriormente.
- Verificar si la plataforma comparte datos con terceros (por ejemplo, para marketing o mensajería externa).

Ejemplo

La política de privacidad de las páginas web puede consultarse clicando en el enlace que aparece en el footer de la pantalla principal:

Vocabulario

- **Datos personales:** cualquier información que identifica a una persona física (nombre, dirección, teléfono…).
- **Consentimiento:** permiso explícito del usuario para que sus datos sean tratados.
- **Responsable del tratamiento:** entidad que decide sobre el uso de los datos personales.

1.7. Descripción de las principales características de los medios de pago por internet (requisitos, costes, riesgos, facilidad de uso, entre otros)

Al realizar una compra en línea, uno de los pasos más delicados es la selección del medio de pago. Cada método tiene implicaciones distintas en cuanto a comodidad, seguridad, coste y protección del comprador.

A continuación, se detallan los principales medios de pago online y sus características.

Medio de pago	Requisitos	Costes	Riesgos principales	Facilidad de uso
Tarjeta bancaria (débito/crédito)	Dispositivo seguro y datos de tarjeta	Sin coste directo, salvo comisiones bancarias	Suplantación, clonación si no hay protección 3D Secure	Alta, uso generalizado
PayPal	Cuenta vinculada a email y tarjeta o cuenta bancaria	Algunos vendedores aplican comisión	Bloqueo de cuenta, comisiones en conversión de moneda	Muy alta, interfaz sencilla
Transferencia bancaria	Cuenta bancaria y datos del beneficiario	Coste variable según entidad	Difícil recuperación ante error o estafa	Baja, no inmediata
Contrarrembolso	Dirección física y efectivo	Suele tener recargo adicional	Riesgo para el vendedor, poco usado online	Media, ya en desuso
Bizum	Teléfono móvil y cuenta bancaria	Generalmente gratuito	Error en número de destinatario	Alta, inmediata y cómoda
Pago a plazos o financiación	Validación crediticia	Intereses o comisiones según entidad	Endeudamiento, aceptación automática de condiciones	Media, depende de la plataforma
Códigos de prepago/tarjetas regalo	Compra previa del código	Sin coste adicional	Pérdida del código, mal uso	Alta, especialmente para menores o terceros

Vocabulario

- **3D Secure:** sistema de verificación adicional para pagos con tarjeta (como el código recibido por SMS).
- **Tokenización:** técnica de seguridad que sustituye los datos reales de la tarjeta por un código seguro durante el pago.
- **Pasarela de pago:** servicio que procesa la transacción entre comprador y vendedor (como Redsys o Stripe).

En una compra en AliExpress puede aparecer la opción de pagar con tarjeta, PayPal o Klarna (pago a plazos).
Si se elige PayPal, no se comparten datos bancarios con el vendedor y se accede a protección al comprador en caso de disputa.

Si se opta por Klarna, se fracciona el pago, pero pueden aplicarse intereses si no se abona en plazo.

1.8. Selección del medio de pago, teniendo en cuenta las necesidades personales y la seguridad de pago

La elección del medio de pago adecuado debe responder tanto a las preferencias personales del comprador como al grado de seguridad necesario en cada contexto.

No existe un método ideal para todas las situaciones, por lo que se recomienda una evaluación crítica en cada compra. Los factores a considerar son los siguientes:

- **Seguridad del entorno.** En compras en plataformas desconocidas, es preferible usar sistemas con protección al comprador (como PayPal).

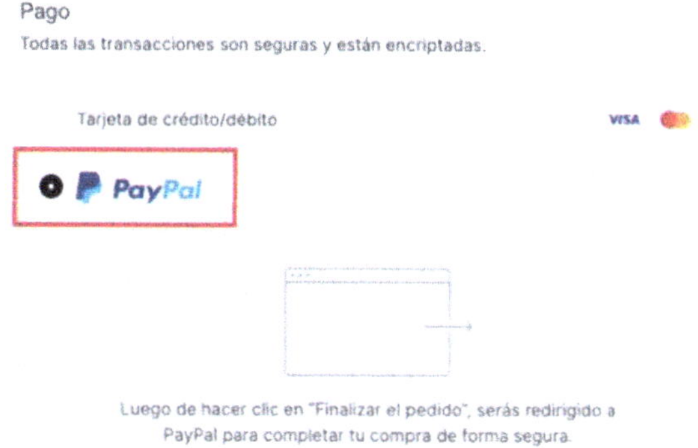

Fig. 2. PayPal permite completar la compra en un entorno seguro sin compartir los datos bancarios con el vendedor

- **Frecuencia de uso.** Si se compran habitualmente productos online puede ser práctico tener una tarjeta prepago exclusiva o usar Bizum.

- **Importe de la compra.** En compras de alto valor, es conveniente elegir métodos que incluyan seguro o garantía de devolución.

- **Confianza en el vendedor.** Si se trata de un particular (como en Wallapop), se recomienda el pago contra entrega o Bizum con verificación.

- **Rapidez de la operación.** Algunas pasarelas procesan el pago al instante; otras, como la transferencia, pueden tardar días.

- **Privacidad.** Si se desea no compartir datos bancarios con el vendedor, opciones como PayPal o códigos de prepago son adecuadas.

Una persona que realiza su primera compra en una tienda online desconocida puede preferir pagar con PayPal para evitar introducir directamente los datos de su tarjeta y tener posibilidad de reclamar si el producto no llega.

En cambio, en una tienda habitual como Amazon, es habitual dejar guardada la tarjeta para agilizar compras futuras.

1.9. Verificación de la compra mediante la recepción de email o mensaje de comprobación

Una vez finalizada la compra online, la verificación inmediata del pedido es una etapa clave para asegurarse de que la transacción se ha realizado correctamente y de que el producto llegará según lo previsto.

¿Qué elementos debe contener un mensaje de confirmación válido?

Al completar la compra, el usuario suele recibir un correo electrónico automático (y en ocasiones también un mensaje SMS o notificación en la app), con los siguientes datos esenciales:

- **Número de pedido o referencia:** identificador único de la operación.
- **Resumen de la compra:** nombre del producto, cantidad, precio unitario, total con IVA y gastos de envío.
- **Método de pago empleado:** normalmente sin mostrar los datos completos por seguridad.
- **Dirección de envío y datos del destinatario.**
- **Plazo estimado de entrega y método de envío**: correo estándar, mensajería, recogida en tienda...
- **Enlace para hacer seguimiento del pedido.**
- **Información sobre cómo contactar con el servicio de atención al cliente** o cómo gestionar una cancelación o devolución.

Tras comprar un disco duro externo en El Corte Inglés, el comprador recibe un email con el asunto "Confirmación de tu pedido #ECI294750".

El mensaje incluye el importe, el artículo adquirido, la dirección de entrega y el enlace a la sección "Mis pedidos" para seguir el estado de la entrega.

La falta de confirmación por email tras una compra puede ser un indicador de riesgo. Si no se recibe ningún mensaje y la web no permite el seguimiento del pedido, conviene contactar cuanto antes con el servicio de atención o incluso bloquear el pago si se sospecha de fraude.

Por otro lado, con respecto a la **verificación activa** (qué debe hacer el usuario):

- Revisar la bandeja de entrada (y la de spam si no se recibe el mensaje en pocos minutos).
- Leer detenidamente los datos del pedido y verificar que todo es correcto.
- Guardar el email de confirmación o hacer una captura de pantalla del mismo.
- Comprobar el estado del pedido accediendo a la cuenta del usuario en la plataforma, donde se indica si está en preparación, enviado o entregado.
- Estar atento a nuevos mensajes que comuniquen el envío del producto, con número de seguimiento o detalles de entrega.

2. Comercialización de bienes, productos y servicios en portales y plataformas de venta digitales

Vender en Internet no se limita a publicar un producto, también implica elegir la plataforma adecuada, comprender sus condiciones, definir una presentación eficaz y gestionar de forma responsable todo el proceso de venta.

Para iniciarse en la comercialización digital de productos o servicios propios, algunos aspectos clave son: la selección de herramientas, la valoración de comisiones o requisitos legales, y el uso de prácticas básicas que garanticen una experiencia de venta eficiente, segura y profesional.

2.1. Identificación de las necesidades de venta en relación con las propias necesidades

Antes de comenzar a vender en plataformas digitales, se debe realizar una reflexión previa sobre qué se desea vender y con qué propósito, ya que no todas las estrategias sirven para todos los productos ni todos los perfiles de vendedor.

Algunos ejemplos de los factores a analizar son los siguientes:

- **Naturaleza de la actividad:** ¿Se trata de un negocio estable o de una venta puntual?
- **Perfil del producto o servicio:** ¿Es un producto físico, digital, un servicio profesional o una combinación?
- **Público objetivo:** ¿A quién va dirigido? ¿Dónde se encuentra geográficamente? ¿Qué tipo de usuario compra este producto?
- **Capacidad de producción y entrega:** ¿Se puede garantizar disponibilidad constante? ¿Se realizarán envíos manuales o a través de operadores logísticos?
- **Recursos disponibles:** ¿Se cuenta con imágenes de calidad, textos, *packaging*, sistema de cobros y devoluciones?

Identificar claramente las necesidades del vendedor evita esfuerzos mal orientados. Por ejemplo, quien solo quiere deshacerse de objetos usados optará por plataformas de segunda mano, mientras que quien desea consolidar un proyecto de autoempleo debe priorizar plataformas con visibilidad comercial y opciones de expansión.

Una persona que fabrica cosmética natural casera no puede comercializarla legalmente sin cumplir con ciertos requisitos sanitarios y de etiquetado. En cambio, si crea bisutería artesanal, puede comenzar con un perfil en Etsy o Wallapop orientado a piezas únicas y bajo demanda.

2.2. Clasificación de los productos a vender según su tipología y naturaleza (manualidades, artesanía, alimentos, entre otros)

La tipología del producto influye en la elección de la plataforma de venta, en las estrategias de presentación y en los requisitos legales a cumplir.

A continuación, se detalla una clasificación general para planificar la actividad de venta online.

Productos hechos a mano o de autoría propia

Incluye manualidades, artesanía, piezas únicas, objetos de decoración, bisutería, cerámica, pintura, encuadernación artística, etc.

- Plataformas recomendadas: Etsy, Artesanum, Artesaniaporelmundo.
- Público objetivo: compradores que valoran la autenticidad, el detalle y el trabajo personal.
- Requisitos: buenas fotos, descripción detallada, originalidad del producto.

Productos alimentarios

Incluye mermeladas, conservas, aceite, panadería, dulces caseros, huerta ecológica...

- Plataformas recomendadas: Agroboca Libertyprim, venta directa en redes sociales o web propia.
- Público objetivo: consumidores interesados en productos de proximidad, ecológicos o gourmet.
- Requisitos: cumplir con normativa sanitaria, etiquetado alimentario, registro sanitario si corresponde.

Vocabulario

- **Producto transformado:** producto que ha pasado por uno o varios procesos industriales, tecnológicos o manuales para cambiar sus características físicas, químicas o de presentación.
- **Canal corto de comercialización:** venta directa del productor al consumidor sin intermediarios.

Productos de segunda mano

Objetos personales que se desean vender: ropa, tecnología usada, libros, muebles, juguetes.

- Plataformas recomendadas: Wallapop, Milanuncios, eBay.
- Público objetivo: usuarios interesados en ahorro, reciclaje o coleccionismo.
- Requisitos: descripción honesta, indicar el estado del producto, fijar condiciones de entrega claras.

Servicios profesionales

Incluye diseño gráfico, fotografía, edición de vídeo, clases particulares, asesorías…

- Plataformas recomendadas: Fiverr, Malt, Freelancer, redes sociales profesionales.
- Público objetivo: empresas o particulares que buscan soluciones digitales específicas.
- Requisitos: portafolio digital, claridad en precios y plazos, canales de comunicación fluidos.

Fig. 3. Plataformas como Fiverr permite contratar servicios profesionales de forma inmediata a través de un buscador por palabras clave y categorías

2.3. Conocimientos elementales de los requisitos legales de compra y venta según la legislación vigente y el tipo de producto

La actividad de venta en plataformas digitales está sujeta a normas legales básicas que varían según el producto ofrecido, el volumen de operaciones y el tipo de vendedor (particular o profesional).

Aunque muchos usuarios comienzan vendiendo sin formalizar su actividad, es importante conocer los límites legales para evitar sanciones o problemas con los clientes. Los requisitos generales son:

- Darse de alta como autónomo/a si la venta es habitual, sistemática y con ánimo de lucro, incluso aunque no genere grandes ingresos.
- Declaración de ingresos ante Hacienda, tanto si se está dado de alta como profesional como si se realiza una actividad esporádica que genera beneficios.
- Cumplir con la Ley de Defensa de los Consumidores, especialmente si se vende como profesional (devoluciones, atención postventa, información clara y veraz).
- Emisión de facturas en caso de ventas profesionales, incluso cuando se vende a través de una plataforma intermediaria.
- Cumplimiento del RGPD (Reglamento General de Protección de Datos) si se recogen datos de clientes (por ejemplo, en venta directa a través de redes sociales o web propia).

Real Decreto Legislativo 1/2007, de 16 de noviembre, por el que se aprueba el texto refundido de la Ley General para la Defensa de los Consumidores y Usuarios y otras leyes complementarias.

Reglamento (UE) 2016/679 del Parlamento Europeo y del Consejo, de 27 de abril de 2016Abre nueva ventana (Reglamento General de Protección de Datos, RGPD).

Por otro lado, algunos requisitos específicos según el tipo de producto son los siguientes:

Alimentos caseros	Registro sanitario, etiquetado claro, fecha de caducidad, lugar de elaboración, condiciones de higiene.
Productos cosméticos o jabones	Autorización de la AEMPS, fórmula registrada, pruebas de estabilidad, etiquetado conforme a la normativa.
Obras artísticas	Se puede emitir certificado de autenticidad, y si el autor está registrado, declarar propiedad intelectual.
Tecnología o juguetes usados	Indicar estado real del producto, informar sobre posibles fallos o desgaste.
Servicios digitales	Contrato o acuerdo de condiciones de servicio, política de devolución si corresponde.

Una persona que vende galletas caseras en ferias locales y ahora quiere venderlas en Agroboca debe cumplir con normativa de higiene, registro como operador alimentario, y etiquetado reglado que indique ingredientes, alérgenos y fecha de consumo preferente.

Aunque algunas plataformas permiten vender sin ser profesional (por ejemplo, Wallapop o Milanuncios), si la actividad es reiterada o se convierte en fuente de ingresos regular, es obligatorio legalizar la actividad y tributar por ella.

2.4. Búsqueda en la web de portales de venta digitales según el tipo de producto

Elegir el portal de venta adecuado es clave para maximizar las posibilidades de éxito. No todas las plataformas están pensadas para todos los productos, por ejemplo, algunas son más adecuadas para objetos de segunda mano, otras para artesanía o productos hechos a mano, y otras para productos de gran consumo o nichos profesionales.

Por tanto, se pueden seguir algunos criterios para seleccionar un portal de venta como:

- **Afinidad con el producto:** ¿La plataforma está pensada para ese tipo de artículos?
- **Público objetivo:** ¿La audiencia habitual del portal coincide con el perfil de cliente buscado?
- **Condiciones de uso y comisiones:** ¿La plataforma cobra por publicar, por vender o por usar su pasarela de pago?
- **Herramientas disponibles:** ¿Permite gestionar el stock, visualizar estadísticas, crear campañas promocionales?
- **Facilidad de uso y visibilidad:** ¿Cuántos pasos requiere publicar un producto? ¿Qué nivel de personalización se permite?

Algunos ejemplos de portales de venta digitales según el tipo de producto son:

Manualidades/Artesanía	<ul><li>Etsy (https://www.etsy.com/es/)</li><li>Artesanum (https://www.artesanum.com/)</li><li>Artesaniaporelmundo (https://www.artesaniaporelmundo.com/)</li></ul>
Alimentación local o ecológica	<ul><li>Agroboca (https://www.agroboca.com/)</li><li>Libertyprim (https://www.libertyprim.com/es/)</li><li>Web propia con TPV</li></ul>
Tecnología usada/segunda mano	<ul><li>Wallapop (https://es.wallapop.com/)</li><li>Milanuncios (https://www.milanuncios.com/)</li><li>eBay (https://www.ebay.es/)</li></ul>
Libros y cultura	<ul><li>Todocolección (https://www.todocoleccion.net/)</li><li>IberLibro (https://www.iberlibro.com/)</li><li>Amazon KDP (digital)</li></ul>
Servicios digitales	<ul><li>Fiverr (https://es.fiverr.com/)</li><li>Malt (https://www.malt.es/)</li><li>Freelancer (https://www.freelancer.es/)</li><li>Redes profesionales</li></ul>
Moda artesanal o vintage	<ul><li>Vinted (https://www.vinted.es/)</li><li>Etsy (https://www.etsy.com/es/)</li><li>Plataformas de venta directa en RRSS</li></ul>

Una persona que vende pendientes hechos a mano con materiales reciclados tendrá más visibilidad en Etsy (donde se valora el trabajo artesanal) que en Milanuncios, donde predominan productos usados de baja rotación.

2.5. Visita a las webs de los portales de venta digitales más relevantes (a título ilustrativo, eBay, Wallapop, Agroboca, Libertyprim, Artesaniaporelmundo, Etsy, Artesanum, entre otros) y comparación de sus características (facilidad de uso, visibilidad y promoción de los productos, gestión del transporte y de los pagos, seguridad en las transacciones, entre otros) y condiciones (comisiones, reclamaciones, entre otros)

Como ya se ha mencionado anteriormente, existen numerosas plataformas en las que vender productos por cuenta propia.

Cada una ofrece distintos niveles de facilidad de uso, alcance, soporte logístico, sistemas de pago y condiciones económicas. Por ello, es fundamental conocerlas, navegar por ellas y compararlas de forma crítica antes de decidir en cuál operar.

A continuación, se detallan algunos de los portales mencionados anteriormente con sus principales características comparadas.

En primer lugar, recordemos que **eBay** (https://www.ebay.es/) es un tipo de plataforma de subastas y venta directa. Entre sus características destacamos que se lleva a cabo compraventa entre particulares y empresas, subastas online en tiempo real, valoraciones tanto de compradores como de vendedores, protección al comprador en caso de disputas, entre otras.

Facilidad de uso	Media-alta
Visibilidad del producto	Alta (internacional)
Transporte/envíos	Opciones gestionadas por vendedor
Sistema de pago	PayPal, tarjeta, transferencia
Seguridad en transacciones	Alta (protección por PayPal)
Comisiones	Variable según producto y modalidad
Gestión de reclamaciones	Eficiente, pero automatizado

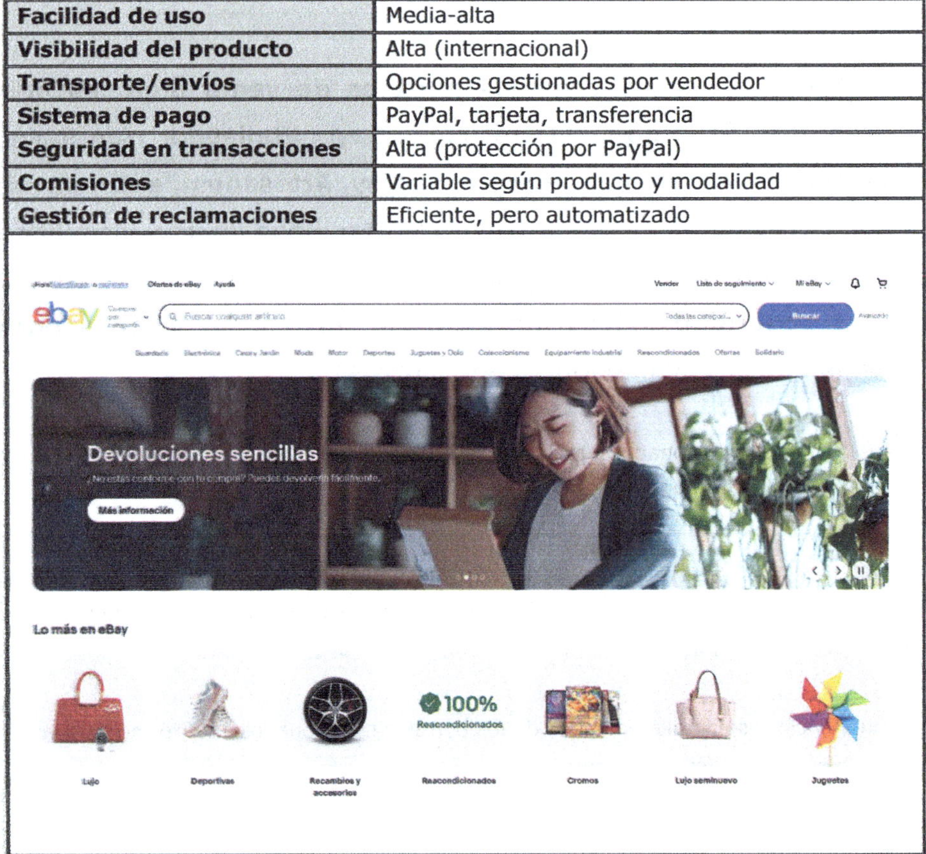

Wallapop (https://es.wallapop.com/) también se detalló anteriormente. Esta destaca por ser una plataforma de compraventa entre particulares con fuerte presencia en el mercado de segunda mano.

Facilidad de uso	Alta
Visibilidad del producto	Alta (local, geolocalización)
Transporte/envíos	Envío propio o a través de Wallapop Envíos
Sistema de pago	Bizum, tarjeta, contrarrembolso
Seguridad en transacciones	Alta (gestión a través de la app)
Comisiones	10% en envíos gestionados
Gestión de reclamaciones	Muy sencilla en app

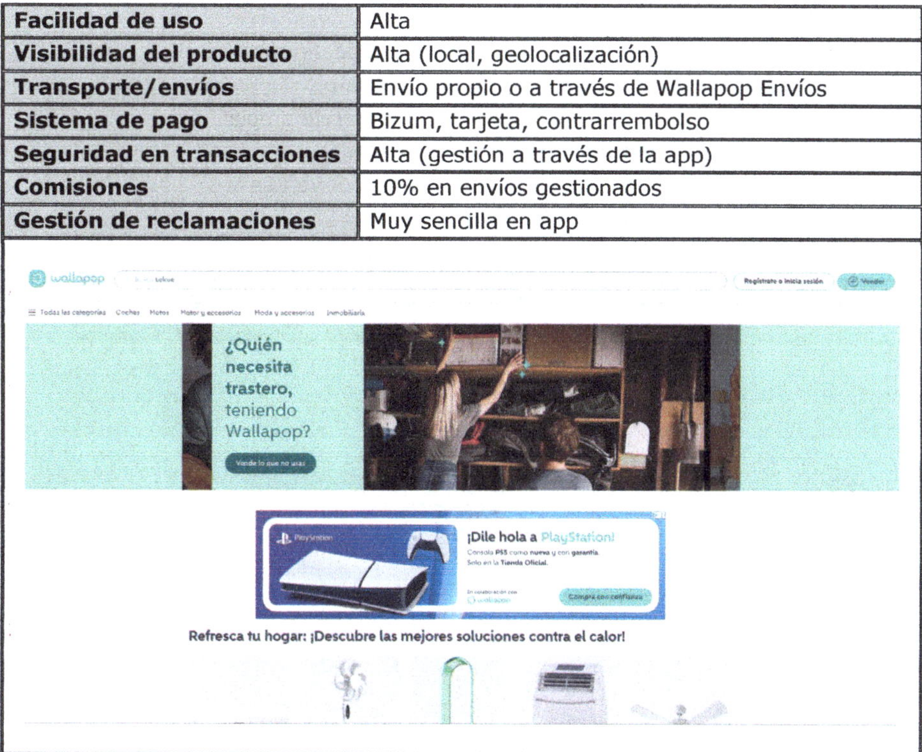

Agroboca (https://www.agroboca.com/) es un marketplace especializado en productos agrarios y frescos (frutas, verduras, aceite, vino, etc.), que conecta productores agrícolas con consumidores o comercios.

Fomenta el consumo directo del productor al consumidor y representa un apoyo a la agricultura sostenible y de proximidad. Es ideal para restaurantes, tiendas ecológicas o consumidores responsables.

Facilidad de uso	Media
Visibilidad del producto	Alta en alimentación de cercanía
Transporte/envíos	A convenir con cliente
Sistema de pago	Transferencia, pasarela propia
Seguridad en transacciones	Alta (perfil verificado)
Comisiones	Cuota mensual o por ventas
Gestión de reclamaciones	Soporte profesional

Por su parte, **Libertyprim** (https://www.libertyprim.com/es/) es una plataforma B2B internacional que conecta productores y distribuidores de frutas y verduras frescas en Europa.

Especializada en el comercio mayorista, permite gestionar pedidos, precios y logística. Facilita el contacto directo entre agricultores, exportadores e importadores. Además, está enfocada en la trazabilidad y calidad de los productos.

Facilidad de uso	Media
Visibilidad del producto	Alta (profesional)
Transporte/envíos	Coordinado entre productor y plataforma
Sistema de pago	Tarjeta, transferencia
Seguridad en transacciones	Alta, orientada a empresas
Comisiones	Comisión variable
Gestión de reclamaciones	Formal, contrato previo

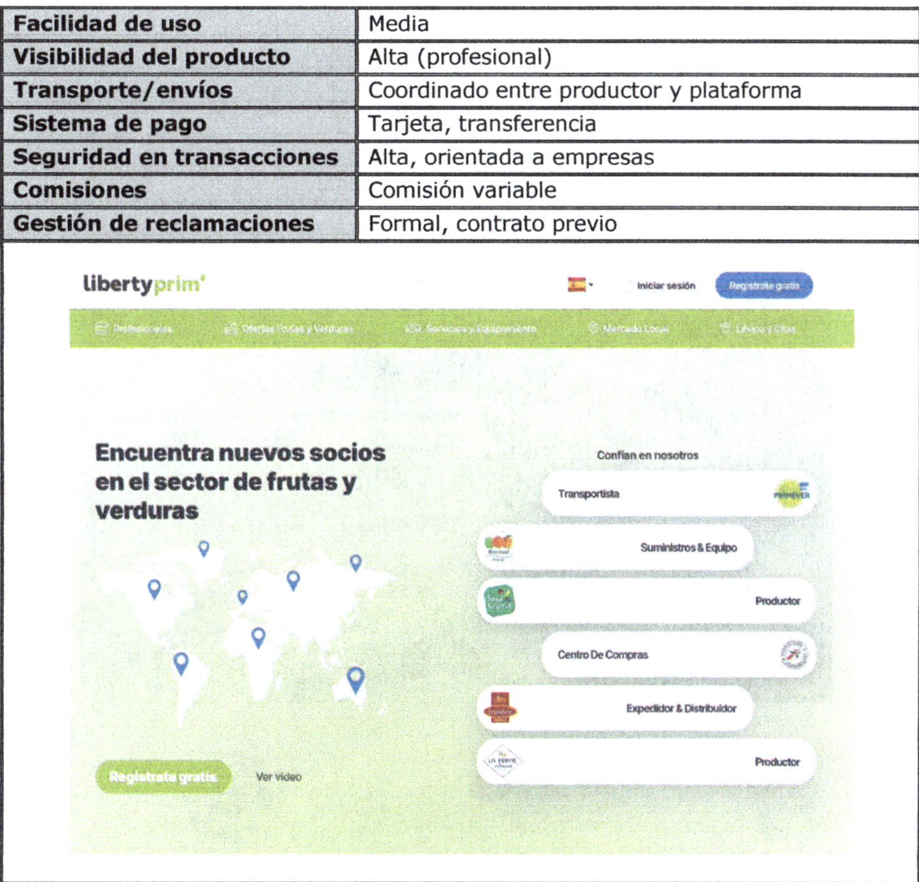

Artesaniaporelmundo (https://www.artesaniaporelmundo.com/) es una tienda online que promueve la venta de artesanía **(productos de decoración, moda, hogar, etc.)** hecha a mano por artesanos de distintas partes del mundo, con un enfoque ético y justo.

Se caracteriza por la venta de productos artesanales, éticos y sostenibles, y su valorización de la cultura y el trabajo manual.

Facilidad de uso	Media
Visibilidad del producto	Media (en crecimiento)
Transporte/envíos	A cargo del vendedor
Sistema de pago	PayPal u otros
Seguridad en transacciones	Media
Comisiones	Sin comisión de venta
Gestión de reclamaciones	Básica

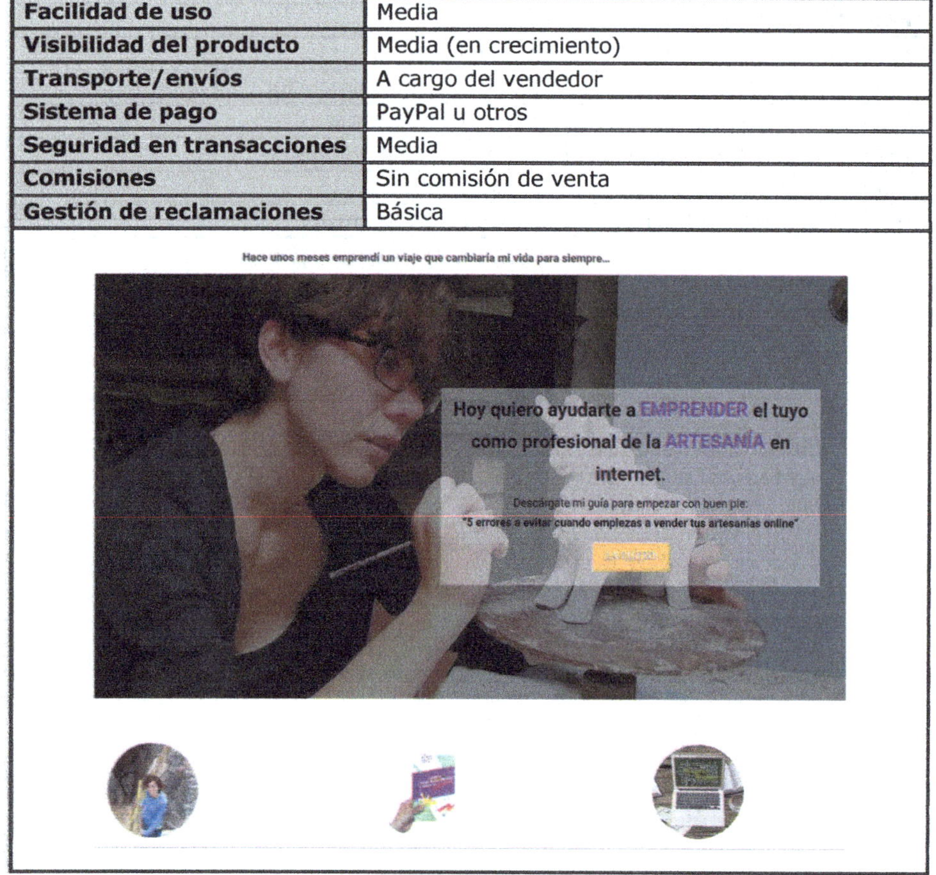

Etsy (https://www.etsy.com/) es una plataforma global para la venta de productos hechos a mano, vintage y materiales para manualidades (artesanía, arte, ropa, joyas, decoración, etc.).

Enfocada en pequeños creadores y emprendedores, sus productos son únicos y personalizados. Además, ofrece herramientas de marketing y gestión para tiendas.

Facilidad de uso	Alta
Visibilidad del producto	Alta (internacional)
Transporte/envíos	A cargo del vendedor, integración con mensajerías
Sistema de pago	Tarjeta, PayPal, Etsy Payments
Seguridad en transacciones	Alta (protección a comprador y vendedor)
Comisiones	6,5% + tarifa por publicación
Gestión de reclamaciones	Bien estructurado, soporte activo

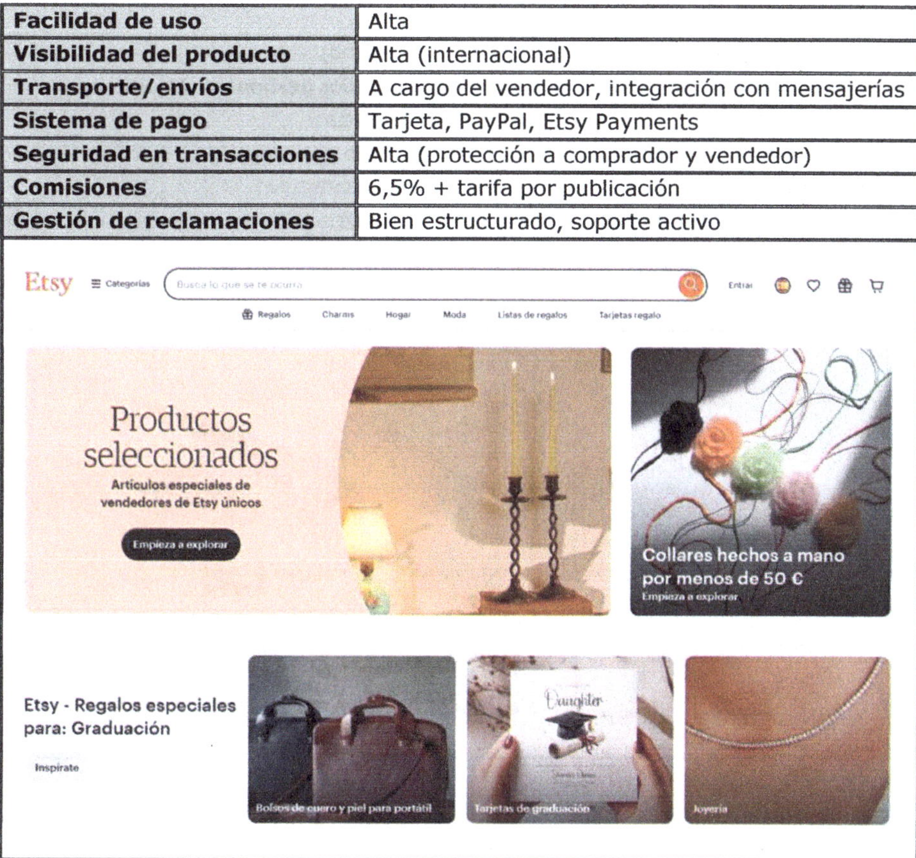

Por último, **Artesanum** (https://www.artesanum.com/) es otro marketplace online de productos artesanales (ropa, bisutería, decoración, papelería, etc.) elaborados a mano por artesanos, principalmente de habla hispana.

Destaca por sus productos personalizados y únicos, su venta directa del artesano al cliente, y por su apoyo al comercio justo y la producción local.

Facilidad de uso	Media
Visibilidad del producto	Media (público nicho)
Transporte/envíos	A convenir, vendedor gestiona directamente
Sistema de pago	PayPal, transferencia
Seguridad en transacciones	Media (menos automatizada)
Comisiones	Sin comisión de venta
Gestión de reclamaciones	Básica, por contacto

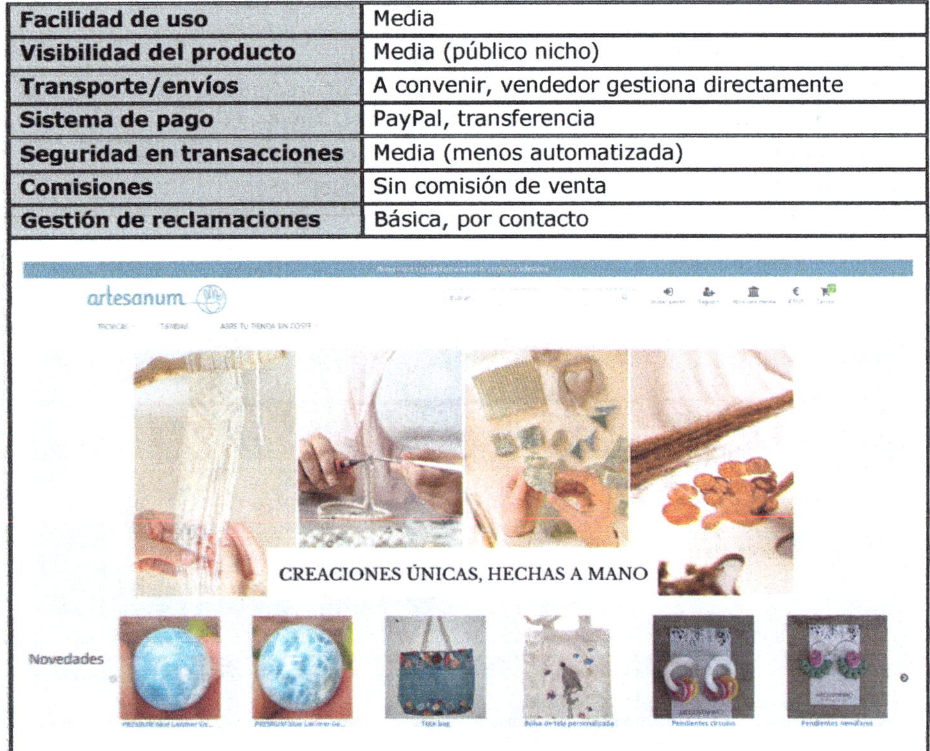

Por tanto, una vez analizadas las características de los diferentes portales de venta, algunos criterios clave a tener en cuenta a la hora de elegirlos son:

- **Facilidad de uso:** plataformas como Wallapop o Etsy destacan por su diseño intuitivo, pensadas para que cualquier usuario pueda publicar sin conocimientos técnicos.
- **Visibilidad:** Etsy y eBay ofrecen mayor alcance internacional; Wallapop, por el contrario, está orientada a ventas locales.
- **Transporte:** algunas plataformas permiten contratar la mensajería desde su sistema (como Wallapop Envíos), mientras que otras lo dejan a cargo del vendedor.
- **Sistemas de pago:** la variedad y seguridad de los métodos de pago influye en la confianza del comprador.

- **Seguridad y confianza:** sistemas como PayPal o la protección del comprador de Etsy refuerzan las garantías ante incidencias.
- **Condiciones económicas:** algunas plataformas cobran una comisión por cada venta, otras una tarifa fija mensual, y otras permiten publicar gratis, pero con servicios opcionales de promoción.
- **Gestión de reclamaciones:** varía desde la mediación directa (como en Etsy o eBay) hasta el contacto manual con el comprador (como en Artesanum).

Ejemplo

Una persona que crea velas artesanales con materiales ecológicos y desea venderlas dentro y fuera de España puede encontrar en Etsy la mejor opción por su alcance y tipo de público.

Si solo quiere vender en su entorno local sin encargarse de envíos, Wallapop le permite concretar encuentros o usar su sistema de envíos de forma opcional.

No es necesario limitarse a una única plataforma. Muchas personas autónomas diversifican su presencia para aprovechar distintos canales, es decir, una misma persona puede tener su catálogo en Etsy, atender encargos por WhatsApp y usar Wallapop para productos de outlet o excedentes.

2.6. Selección de las plataformas de venta más idóneas según las propias necesidades identificadas

Una vez analizadas las características y condiciones de las principales plataformas digitales, el siguiente paso es elegir la más adecuada para el tipo de producto, servicio o actividad que se pretende desarrollar.

Esta elección debe responder a un análisis estratégico, teniendo en cuenta tanto los recursos del vendedor como sus objetivos a corto y medio plazo. Por tanto, algunos criterios para la selección son:

- **Naturaleza del producto:**
  - o Si se trata de artesanía, piezas únicas o creativas: Etsy, Artesanum, Artesaniaporelmundo.
  - o Para productos agroalimentarios de cercanía: Agroboca, Libertyprim.
  - o Si se desea vender objetos de segunda mano o excedentes personales: Wallapop, Milanuncios.
  - o Para ofrecer servicios profesionales: Fiverr, Malt, Freelancer.

- **Público objetivo:**
  - o ¿Es local, nacional o internacional?
  - o ¿Busca artículos baratos o valora el producto artesanal o sostenible?
  - o ¿Compra por impulso o por planificación?

- **Capacidad de producción y entrega:**
  - o Si se puede producir bajo demanda o se dispone de stock.
  - o Si se desea asumir el envío personalmente o usar una plataforma que lo gestione.

- **Nivel de formalización de la actividad:**
  - o Si se trata de una prueba o una venta puntual, puede comenzar en plataformas que no requieran darse de alta como autónomo.
  - o Para una actividad sostenida en el tiempo con intención de generar ingresos constantes, conviene formalizar la actividad y usar plataformas profesionales.

Ejemplo

Una diseñadora gráfica freelance puede ofrecer servicios personalizados en Fiverr o Malt, mientras que, si desea vender láminas impresas con sus ilustraciones, puede usar Etsy o crear su propia tienda online con un TPV virtual.

2.7. Registro en las plataformas de venta digital seleccionadas, completando los campos necesarios

Ya se ha seleccionado la plataforma o plataformas adecuadas, el siguiente paso es registrarse como vendedor/a. Aunque cada portal tiene sus particularidades, el proceso general de registro como vendedor/a suele seguir una estructura similar:

1. Acceder a la plataforma y seleccionar la opción de "Crear cuenta" o "Registrarse como vendedor".
2. Introducir datos personales básicos:
   - Nombre completo o nombre comercial.
   - Correo electrónico válido.
   - Contraseña segura.
3. Verificar el email mediante un enlace de confirmación que llega al correo electrónico.
4. Completar el perfil de vendedor con información adicional:
   - Foto o logotipo.
   - Descripción del perfil profesional o del tipo de productos ofrecidos.
   - Ubicación (en plataformas locales como Wallapop).
5. Configurar los métodos de pago y cobro: vincular una cuenta bancaria, PayPal u otro sistema de cobro según la plataforma.
6. Aceptar las condiciones legales de uso de la plataforma.

Es recomendable leer con atención las condiciones de servicio, especialmente aquellas relacionadas con las comisiones, la protección del vendedor y las políticas de devoluciones.

Empieza tu anuncio

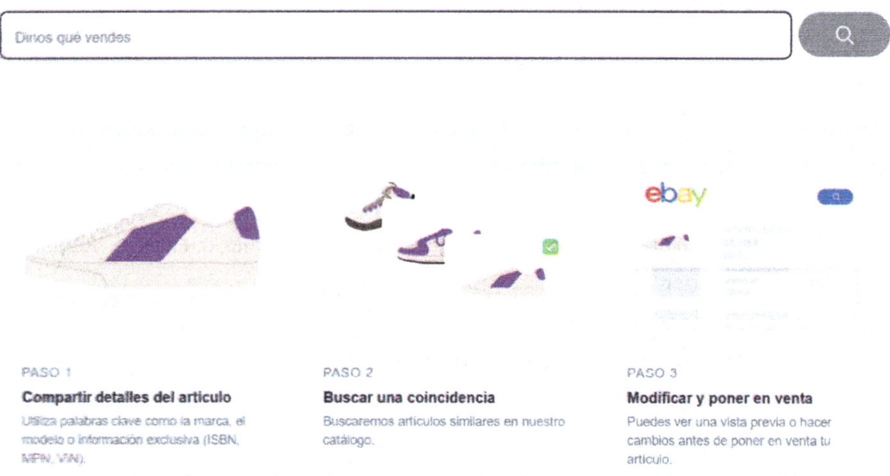

Fig. 4. eBay guía al vendedor paso a paso para crear un anuncio, comparar con productos similares y publicar el artículo de forma personalizada

A continuación, se expone un ejemplo paso a paso de cómo llevar a cabo el registro como vendedor/a en la plataforma **Etsy.**

Una vez dentro de la página oficial de Etsy España (https://www.etsy.com/es/), lo primero que debe hacerse es localizar el botón **"Entrar",** situado en la parte superior derecha de la pantalla.

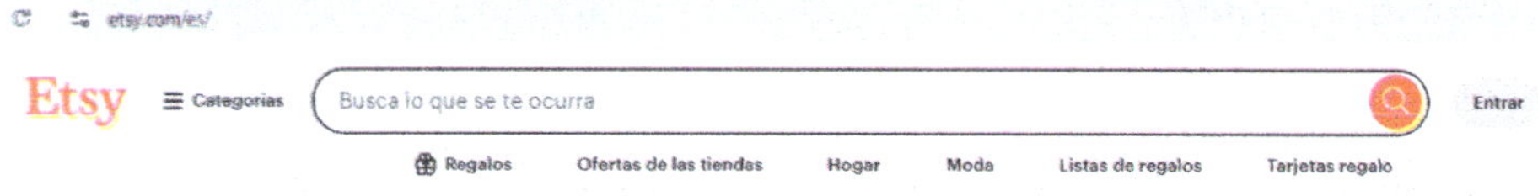

Fig. 5. Botón "Entrar"

Al hacer clic en este botón, aparece la pantalla de inicio de sesión. En la parte superior derecha del recuadro principal se encuentra el botón **"Registrarme",** que debe pulsarse si aún no se tiene una cuenta en Etsy.

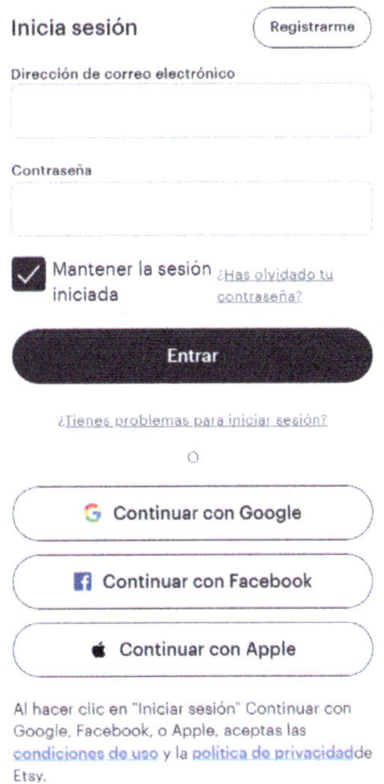

Fig. 6. Botón "Registrarme"

Una vez introducido el correo electrónico, creado el usuario y confirmada la contraseña (o tras registrarse mediante una cuenta de Google, Facebook o Apple), Etsy redirige automáticamente al **panel de usuario,** como el que se muestra en la siguiente imagen.

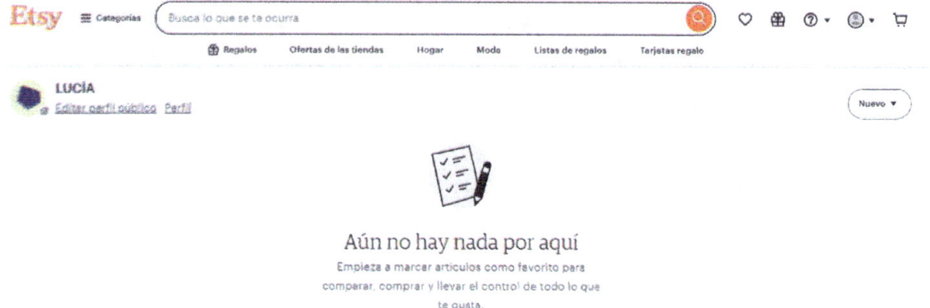

Fig. 7. Panel de usuario

En la parte superior derecha aparece también un icono de usuario desplegable, desde donde se puede acceder a las opciones de cuenta, configuración y lo más importante: la opción **"Vender en Etsy"**.

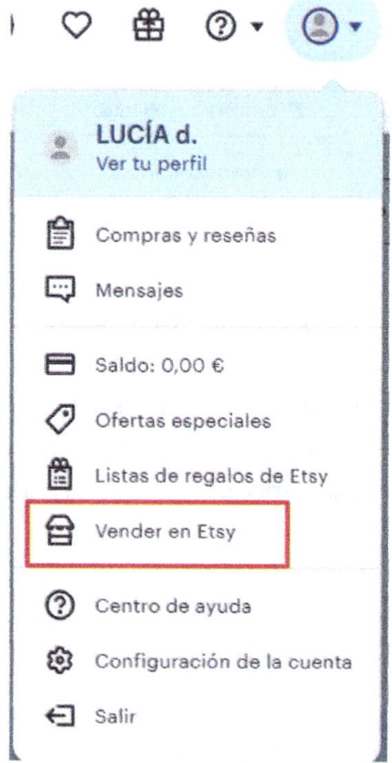

Fig. 8. Panel de usuario desplegable

Tras acceder al perfil personal, el usuario debe activar el proceso de apertura de su propia tienda. Etsy presenta una pantalla de bienvenida con el mensaje *"Hay millones de compradores impacientes por ver lo que pondrás a la venta",* acompañado de un botón blanco con el texto **"Empezar".**

Fig. 9. Botón "Empezar"

A continuación, Etsy presenta una pantalla con la pregunta **"¿Qué te trae a Etsy?"**, acompañada de varias opciones que permiten personalizar la experiencia de configuración en función del perfil del usuario.

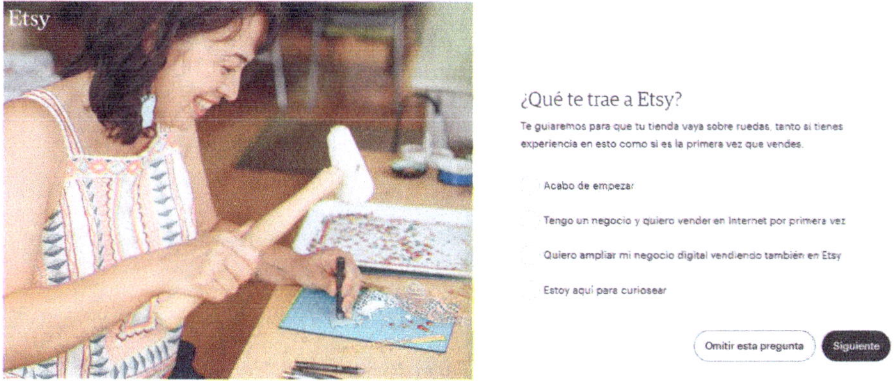

Fig. 10. ¿Qué te trae a Etsy?

Tras responder a la pregunta sobre los motivos para vender, la plataforma ofrece al usuario una sección opcional donde puede **seleccionar los temas** sobre los que desea recibir guías, consejos y recursos personalizados.

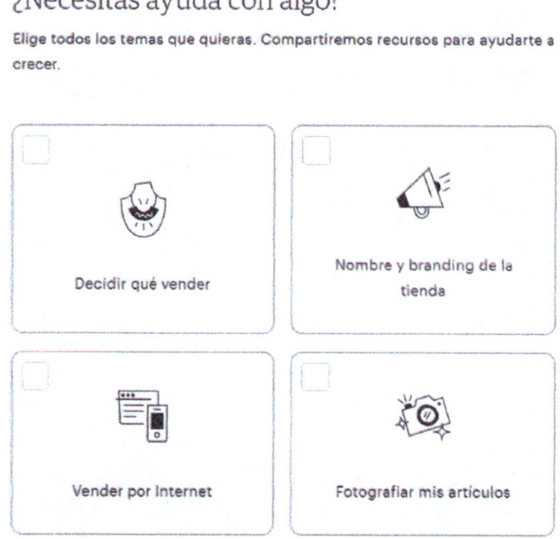

Fig. 11. Opción "Elegir temas"

Finalmente, y una vez completados los pasos anteriores, se muestra un mensaje de bienvenida para dar paso al proceso de creación efectiva de la tienda.

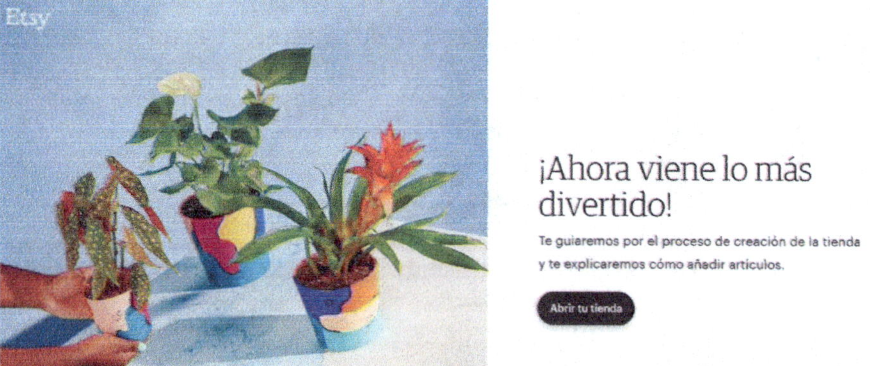

Fig. 12. Botón "Abrir tu tienda"

En Etsy, tras registrarse como vendedor/a, el sistema guía al usuario para subir su primer producto, configurar las condiciones de envío y definir el método de cobro. Todo el proceso está acompañado por indicaciones visuales, por lo que resulta accesible incluso para personas con poca experiencia.

2.8. Práctica de una venta, real o simulada, según las condiciones de la plataforma digital

El aprendizaje de la venta digital se consolida mediante la experiencia directa, ya sea con una venta real o simulada.

Que la persona adquiera seguridad en todo el proceso: desde la creación de una ficha de producto hasta la gestión de pagos y envíos.

Por tanto, los elementos a tener en cuenta para una práctica de venta son:

- **Redacción del anuncio o ficha de producto:**
  - o Título claro y atractivo.
  - o Descripción detallada (uso, materiales, beneficios, condiciones).
  - o Palabras clave adecuadas para que el producto sea fácilmente encontrado.
  - o Fotografías de buena calidad.

- **Configuración del precio:**
  - o Incluir impuestos si procede.
  - o Añadir los gastos de envío o indicar si están incluidos.

- **Selección del tipo de envío:**
  - o A través de mensajería gestionada por la plataforma.
  - o Envío manual a convenir con el comprador.

- **Publicación o simulación:**
    - o En venta real: publicar y esperar contactos.
    - o En venta simulada: guardar en borrador o simular el proceso con ayuda del formador/a.

A continuación, se expone un supuesto práctico de una venta simulada teniendo en cuenta los elementos mencionados anteriormente.

Iván está realizando una formación en comercio digital. Aunque todavía no tiene un negocio activo, desea practicar el proceso completo de una venta para ganar soltura con las plataformas de compraventa. Su tutora le propone hacer una venta simulada en la plataforma Wallapop, ya que permite realizar publicaciones sin necesidad de cerrar una venta real y es adecuada para practicar tanto desde ordenador como desde el móvil.

Iván elige un objeto personal para usarlo como ejemplo: una mochila de senderismo de 50 litros que ya no utiliza. A partir de ahí, sigue estos pasos con el acompañamiento de la tutora:

- **Redacción de la ficha de producto:**
    - o *Título: "Mochila de montaña 50L impermeable - ideal para rutas largas".*
    - o *Descripción: "Mochila técnica de senderismo con capacidad de 50 litros, múltiples compartimentos, material impermeable, espaldar acolchado y correas ajustables. Poco uso. Ideal para viajes largos, excursiones o trekking. Se entrega limpia y en perfecto estado."*
    - o *Palabras clave: mochila montaña, senderismo, trekking, 50 litros, excursiones.*
    - o *Fotografías: toma varias imágenes con el móvil, desde distintos ángulos y con luz natural. Añade una foto mostrando los bolsillos abiertos.*

- **Configuración del precio.** *Decide un precio de 25 €. La tutora le recuerda que debe especificar si el precio incluye el envío o no. Como es una simulación, Iván añade la nota "gastos de envío no incluidos" en la descripción, pero no activa ninguna opción de pago real.*

- ***Selección del tipo de envío.** En este caso, configura el anuncio para envío por mensajería gestionada por la propia plataforma (Wallapop Shipping), aunque también menciona la posibilidad de entrega en mano en su ciudad.*

- ***Publicación o simulación.** Al tratarse de una práctica simulada, no publica el anuncio. En lugar de ello, muestra el borrador a la tutora, quien revisa los textos, las imágenes y las opciones configuradas, y le proporciona feedback para mejorar la visibilidad del producto.*

Con esta práctica, Iván comprende en detalle los elementos necesarios para una venta digital: desde la estrategia de redacción hasta los aspectos técnicos del envío.

2.9. Descripción de los pasos posteriores a la venta a seguir (confirmación de envío, seguimiento, recepción, cobro, gestión de incidencias, devoluciones, entre otros)

Para finalizar, y una vez realizada la venta, el vendedor/a debe gestionar correctamente el seguimiento del pedido, asegurando una buena experiencia al comprador y cumpliendo con las condiciones de la plataforma. Para ello, los pasos a seguir son los que se mencionan a continuación.

1. **Confirmación de la venta:**
   - La plataforma notifica que el producto ha sido adquirido.
   - El vendedor recibe los datos del comprador (dirección, nombre, método de envío, etc.).
   - Puede emitirse una factura si la actividad es profesional.

2. **Preparación y envío del producto:**
   - Embalaje adecuado, seguro y profesional.
   - Inclusión de tarjeta de agradecimiento o instrucciones (opcional).
   - Envío a través del método acordado:
     - Si lo gestiona la plataforma (como en Wallapop), se genera una etiqueta con seguimiento.

o Si es por cuenta del vendedor, se debe conservar el justificante.

3. Seguimiento y confirmación de recepción:

- En plataformas con seguimiento automático, el comprador puede ver el estado del envío.
- En otras, el vendedor puede enviar el número de seguimiento por mensaje.

4. Cobro del importe:

- El ingreso se libera al vendedor según los tiempos definidos por la plataforma: inmediato en caso de Bizum o transferencia directa; retenido unos días en plataformas como Etsy o PayPal, por seguridad.
- Es conveniente revisar los movimientos y comisiones aplicadas.

5. Atención a incidencias:

- Responder rápidamente si el comprador comunica errores, productos dañados o retrasos.
- Documentar todo con fotos, mensajes y justificantes.
- En plataformas con sistema de resolución de conflictos, usar el canal oficial.

6. Gestión de devoluciones:

- En función de si se trata de una venta entre particulares (sin obligación legal de devolución) o profesional (obligación de aceptar devoluciones en 14 días en la UE).
- Acordar el método de devolución y el reembolso.
- Actualizar el stock si el producto vuelve al vendedor.

Ejemplo

Tras vender una camiseta artesanal por Etsy, la vendedora recibe un aviso de envío fallido. Se pone en contacto con la mensajería, reenvía el paquete y ofrece un pequeño descuento por la molestia. El cliente valora positivamente la atención y lo menciona en su reseña.

La atención posventa influye directamente en la reputación del vendedor. Una respuesta ágil y empática mejora las valoraciones y puede fidelizar a los clientes.

3. Relación con las administraciones públicas por medios electrónicos mediante el certificado digital

Las gestiones administrativas son una parte inevitable del trabajo por cuenta propia. Gracias al uso del certificado digital, es posible realizar numerosos trámites con organismos públicos sin necesidad de desplazamientos, reduciendo tiempos y ganando autonomía.

Para ello, se analizarán los principales sistemas de identificación digital disponibles, los pasos necesarios para su obtención y activación, y las plataformas clave en las que se pueden utilizar, como la Agencia Tributaria, la Seguridad Social o el portal Cl@ve.

3.1. Conocimiento de las funciones del certificado digital para acreditar la propia identidad y su utilidad para relacionarse en línea con las administraciones públicas

El certificado digital es una herramienta informática que permite identificar de forma segura a una persona (física o jurídica) ante organismos públicos y privados a través de Internet. Su uso es especialmente relevante para quienes trabajan por cuenta propia, ya que permite gestionar trámites sin acudir presencialmente a las oficinas.

¿Qué es un certificado digital?

Es un archivo electrónico que contiene datos que verifican la identidad del titular. Está emitido por una entidad autorizada (como la Fábrica Nacional de Moneda y Timbre - FNMT, el DNI electrónico, o el sistema Cl@ve), y permite firmar documentos digitalmente y acceder a sedes electrónicas de instituciones públicas.

Fig. 13. Con Cl@ve Móvil se puede acceder de forma rápida y segura a los trámites electrónicos sin necesidad de recordar contraseñas ni instalar certificados

Sus funciones principales incluyen:

- Acceder a trámites online en organismos como la Agencia Tributaria, Seguridad Social, DGT, ayuntamientos o el SEPE.
- Presentar declaraciones fiscales (modelo 036/037, IVA, IRPF). Por ejemplo, una trabajadora autónoma puede acceder con su certificado digital al portal www.agenciatributaria.gob.es para presentar su declaración trimestral de IVA sin necesidad de desplazarse.
- Emitir o renovar certificados de estar al corriente con Hacienda o Seguridad Social.
- Solicitar prestaciones, subvenciones o ayudas públicas.
- Firmar digitalmente documentos con plena validez legal (como contratos o solicitudes).
- Consultar vida laboral, datos de cotización, informes médicos, etc.

Vocabulario

- **Firma electrónica:** equivalente digital a una firma manuscrita, con validez legal.
- **Sede electrónica:** portal web oficial de un organismo público donde se pueden realizar trámites.
- **Entidad certificadora:** organismo autorizado para emitir certificados digitales.

3.2. Análisis de las ventajas y riesgos del uso de la identidad electrónica mediante certificado digital

El uso del certificado digital facilita enormemente la relación con las administraciones, pero también implica asumir ciertas responsabilidades y riesgos si no se utiliza correctamente.

Sus principales ventajas son:

- **Ahorro de tiempo y desplazamientos:** permite realizar trámites desde casa.
- **Disponibilidad 24/7:** acceso permanente a servicios públicos sin necesidad de cita previa.
- **Agilidad administrativa:** envíos instantáneos y firma de documentos sin imprimir.
- **Seguridad legal:** la firma digital tiene el mismo valor jurídico que una firma manuscrita.
- **Reducción del uso de papel y mayor sostenibilidad.**

Por otro lado, algunos riesgos y precauciones a tener en cuenta son:

- **Pérdida del archivo o del dispositivo:** si el certificado se almacena en un ordenador y se pierde o estropea, puede ser necesario renovarlo.
- **Suplantación de identidad:** si alguien accede al certificado sin autorización, podría realizar trámites en nombre del titular.
- **Caducidad del certificado:** requiere renovación periódica.

- **Problemas técnicos:** errores de compatibilidad con navegadores, Java o lectores de tarjetas pueden dificultar su uso.
- **Confusión entre identidades:** si se tienen varios certificados (como persona física, autónoma o representante de empresa), hay que seleccionar el adecuado en cada trámite.

Es recomendable proteger el certificado con contraseña, no instalarlo en ordenadores compartidos, y realizar copia de seguridad en un dispositivo seguro (como un USB cifrado).

Por ejemplo, imagina que instalas tu certificado digital en el ordenador del trabajo, pero no lo proteges con contraseña. Un familiar usa el mismo equipo y accede accidentalmente a la sede de la Seguridad Social, generando cambios sin intención. En este caso te verías obligado a revocar el certificado.

3.3. Descripción de los tipos de certificado digital más usuales (a título ilustrativo, DNI electrónico, Cl@ve, FNMT, certificados autonómicos, entre otros)

Existen distintos tipos de certificados digitales que permiten acreditar electrónicamente la identidad de una persona ante administraciones públicas o plataformas privadas.

A continuación, se describen los más usuales ya que cada uno tiene características distintas en cuanto a forma de obtención, soporte físico y usos permitidos.

Tipo de certificado	Descripción	Formato	Requiere instalación	Nivel de uso
FNMT – Persona física	• Emitido por la Fábrica Nacional de Moneda y Timbre. • Es el más usado para trámites administrativos	Archivo digital (formato .pfx)	Sí, en navegador o sistema	Muy alto
DNI electrónico (DNIe)	• Incorporado en el chip del DNI. • Requiere lector físico y PIN	Tarjeta física con chip	Sí, y lector de DNIe	Medio, por complejidad técnica
Cl@ve PIN/Cl@ve Permanente	• Sistema de identificación basado en usuario, contraseña y código temporal • Muy extendido	Basado en navegador/app móvil	No necesariamente	Muy alto
Certificados autonómicos	• Emitidos por algunas comunidades autónomas (por ejemplo, ACCV en la Comunitat Valenciana)	Varía	Sí	Uso medio, ámbito territorial
Certificados profesionales o de representante	• Vinculados a una empresa o actividad profesional • Permiten actuar en nombre de una entidad	Archivo digital o tarjeta	Sí	Uso alto en gestorías, pymes

Para personas autónomas que gestionan su propia actividad, los más prácticos son el **certificado FNMT** y **Cl@ve Permanente,** ya que permiten realizar prácticamente todos los trámites fiscales, laborales o administrativos sin complicaciones técnicas.

Por ejemplo, una trabajadora autónoma puede utilizar el certificado digital FNMT instalado en su portátil para presentar sus declaraciones trimestrales en Hacienda, y la Cl@ve Permanente desde el móvil para consultar sus cotizaciones en la Seguridad Social.

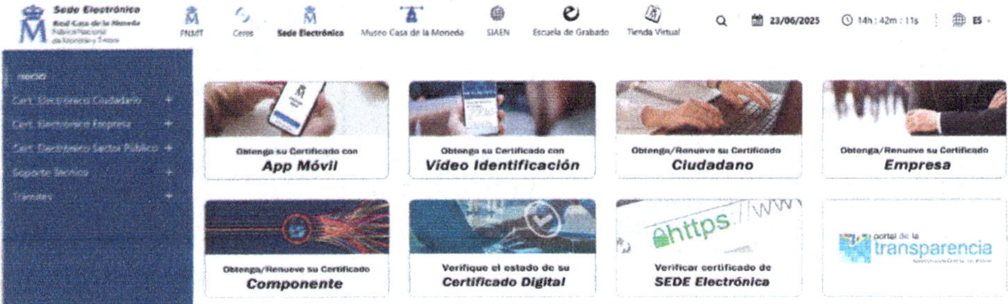

Fig. 14. Desde la sede electrónica de la Fábrica Nacional de Moneda y Timbre se puede solicitar renovar el certificado digital mediante distintas opciones como app móvil, vídeo identificación o trámites para ciudadanía y empresas

3.4. Visita de la web del sistema Cl@ve y descripción de sus funcionalidades y requisitos

El sistema Cl@ve (https://clave.gob.es/) está orientado a unificar y simplificar el acceso electrónico de los ciudadanos a los servicios públicos. Para ello, ofrece una serie de funcionalidades, como:

- **Acceso a múltiples servicios electrónicos con una sola cuenta:** Seguridad Social, Agencia Tributaria, Dirección General de Tráfico, SEPE, etc.
- **Gestión de notificaciones electrónicas.**
- **Firma electrónica** con la aplicación Cl@ve Firma (en trámites compatibles).
- **Gestión de la cuenta del usuario:** modificación de datos, contraseña, dispositivo asociado, etc.

Estas funcionalidades a su vez conllevan que el usuario cumpla con una serie de requisitos para su uso, como:

- Tener DNI o NIE.
- Tener un número de teléfono móvil español vinculado al DNI/NIE.
- Registrarse en el sistema Cl@ve, que puede hacerse de tres formas:
    - Presencialmente en una oficina autorizada.
    - Con certificado digital o DNIe, a través de Internet.

o   Mediante carta de invitación enviada al domicilio (más lento).

Por otro lado, el sistema Cl@ve ofrece diferentes formas de identificación electrónica para acceder con seguridad a los servicios digitales de las administraciones públicas en España. Cada modalidad responde a distintos niveles de seguridad y necesidades de uso, permitiendo adaptarse tanto a personas usuarias ocasionales como a quienes acceden con regularidad a la Sede Electrónica.

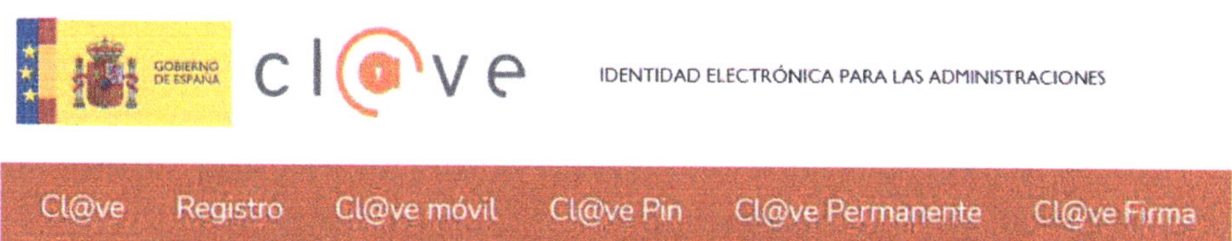

Fig. 15. El sistema Cl@ve centraliza distintas formas de identificación electrónica para acceder a los servicios digitales de las administraciones públicas

Las principales modalidades del sistema Cl@ve son: **Cl@ve PIN** y **Cl@ve Permanente**

La primera, es una modalidad de identificación pensada para **usos puntuales,** como puede ser presentar una declaración, consultar datos fiscales o descargar un certificado concreto.

- **Funcionamiento.** El sistema genera un PIN de un solo uso, válido durante unos minutos, que se puede recibir mediante SMS o a través de la app Cl@ve PIN.
- **Requisitos.** No es necesario memorizar contraseñas ni disponer de un certificado digital. Basta con estar registrado en el sistema Cl@ve y tener el móvil vinculado.
- **Ventajas.** Es rápida, sencilla y no requiere instalaciones.
- **Limitaciones.** Al tratarse de un PIN temporal, no es adecuada para acceder de forma continua o para trámites que exigen un nivel de seguridad reforzado.

Una persona que necesita consultar un borrador de la declaración de la renta puede usar Cl@ve PIN para acceder rápidamente al servicio de la Agencia Tributaria sin tener que recordar contraseñas ni instalar certificados.

Un autónomo accede a la web del SEPE para solicitar una ayuda. Escoge la opción de acceso por Cl@ve PIN, introduce su DNI, recibe un código temporal por SMS y puede completar el trámite online en menos de 10 minutos.

Por otro lado, la permanente es una modalidad orientada a **personas usuarias habituales** de la administración electrónica, como trabajadores por cuenta propia, personal de empresas o usuarios que necesitan acceder con frecuencia a trámites de seguridad social, empleo o fiscalidad.

- **Funcionamiento.** Se accede mediante un usuario y una contraseña personal, y se confirma la identidad con un código de verificación enviado por SMS al móvil registrado.
- **Requisitos.** Registro en Cl@ve y configuración previa del usuario y contraseña.
- **Ventajas.** Mayor seguridad, estabilidad y comodidad para quienes usan la plataforma de manera recurrente.
- **Limitaciones.** Requiere una clave fija y verificación por móvil, lo que implica un paso adicional respecto a Cl@ve PIN, pero también más protección frente a accesos no autorizados.

Una autónoma que realiza mensualmente trámites con la Seguridad Social y presenta declaraciones trimestrales de IVA puede usar Cl@ve Permanente para acceder de forma segura, sin depender de códigos temporales.

3.5. Registro de forma real o simulada en el sistema de Cl@ve Permanente, completando los campos requeridos para ello y si es necesario efectuando una videollamada

El registro en Cl@ve Permanente permite al usuario contar con una forma segura y cómoda de acceder a múltiples servicios públicos en línea. Las modalidades de registro son:

- **Presencialmente.** En una oficina autorizada (como la Seguridad Social, AEAT, etc.), acreditando la identidad con DNI/NIE.
- **Con certificado digital.** Accediendo a www.clave.gob.es y verificando la identidad mediante el certificado FNMT o DNI electrónico.
- **Mediante carta de invitación.** Se solicita en línea y se recibe en el domicilio un código para completar el registro.
- **Videollamada** (solo disponible en períodos específicos y en colaboración con la FNMT). Requiere móvil con cámara y conexión estable. El usuario muestra su DNI/NIE ante el agente y responde unas breves preguntas.

Fig. 16. El proceso puede realizarse de manera presencial, con certificado digital o mediante videollamada (en algunos casos)

Por su parte, los campos requeridos en el formulario online son los siguientes:

- DNI o NIE.
- Fecha de validez del documento.
- Correo electrónico.
- Teléfono móvil personal (español).
- Confirmación del deseo de darse de alta en Cl@ve Permanente y aceptación de condiciones.

Una vez registrado, se puede activar una contraseña segura (con mínimo 8 caracteres, incluyendo letras, números y símbolos), que se usará en todos los accesos por Cl@ve Permanente.

Un trabajador autónomo accede a www.clave.gob.es, escoge "Registrarse en Cl@ve", selecciona "con certificado digital" y completa el formulario. Introduce su teléfono y correo, acepta las condiciones y crea su contraseña personal.

A continuación, se expone un ejemplo ilustrado del proceso de registro en el sistema Cl@ve Permanente, con el fin de mostrar paso a paso cómo completar los campos requeridos y qué opciones están disponibles.

El primer paso consiste en entrar en la sede electrónica de la Agencia Tributaria (https://sede.agenciatributaria.gob.es/Sede/procedimientoini/GC27.shtml). Una vez allí, se debe:

1. Buscar el apartado **"Registro Cl@ve"** dentro de la sección *Gestiones destacadas.*
2. Seleccionar la opción **"Registrarse en Cl@ve con certificado o DNI electrónico".**

Fig. 17. Apartado "Registro Cl@ve"

En esta fase es necesario disponer de un certificado digital instalado en el navegador o del DNIe con lector, ya que se utilizará para validar la identidad del usuario.

Una vez seleccionada la opción de registrarse con certificado o DNI electrónico, se accede a un formulario en el que se deben introducir los siguientes datos:

- DNI o NIE: número del documento de identidad.
- Fecha de validez o expedición del documento, según el tipo de DNI:
    - Si es un DNI normal, se introduce la fecha de validez.
    - Si es un DNI Permanente, se introduce la fecha de expedición.

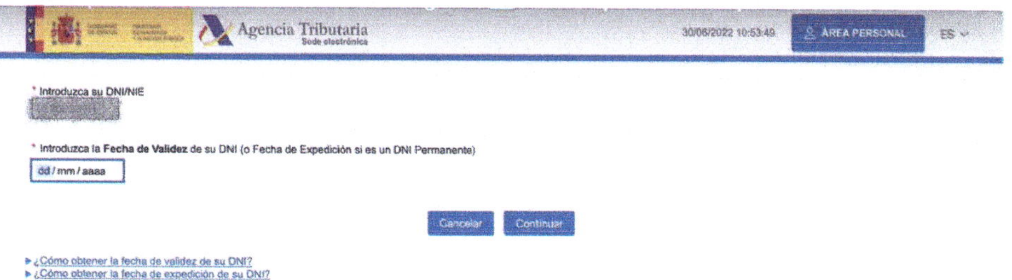

Fig. 18. Formulario de registro: DNI o NIE

 **Obligatorio**

Estos datos son obligatorios para validar la identidad del usuario y poder continuar con el proceso de registro en Cl@ve.

En la siguiente pantalla se deben introducir los datos de contacto necesarios para quedar dado de alta en el sistema Cl@ve. Estos datos permiten autenticar al usuario y gestionar los accesos a los servicios públicos electrónicos. Los campos obligatorios son:

- Tipo de móvil: seleccionar si es español o extranjero.
- Teléfono móvil: número al que se enviarán los códigos de acceso (debe coincidir con el tipo seleccionado).
- Correo electrónico: para notificaciones y recuperación de acceso.
- Confirmación de ambos datos: tanto del teléfono como del correo.

Finalmente, es obligatorio marcar la casilla de aceptación de condiciones antes de pulsar en el botón **"Enviar"**.

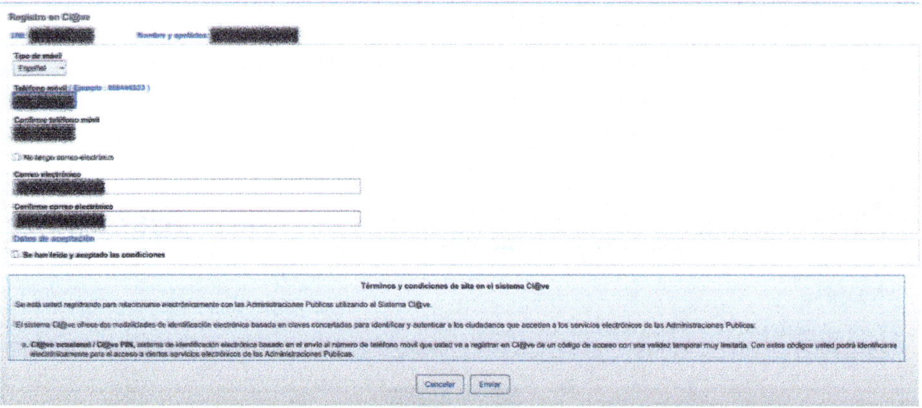

Fig. 19. Formulario de registro: Campos obligatorios

Una vez enviados los datos y aceptadas las condiciones, el sistema muestra una **pantalla de confirmación** donde se indica que el alta se ha realizado correctamente. En ella se visualizan:

- El nombre completo del usuario.
- El DNI o NIE.
- El número de teléfono móvil y correo electrónico vinculados.
- El **Código de Activación,** muy importante, ya que será necesario para crear la contraseña segura y comenzar a utilizar Cl@ve Permanente.

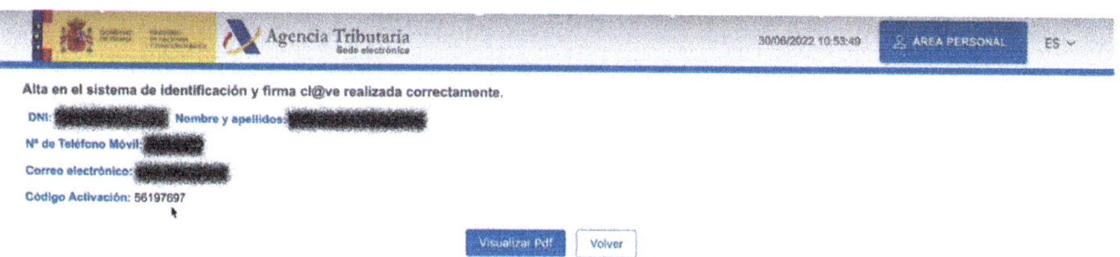

Fig. 20. Pantalla de confirmación

Una vez obtenido el código de activación tras completar el registro, el siguiente paso consiste en acceder a la web oficial del sistema Cl@ve para activar la cuenta y establecer una contraseña segura. En el buscador, se puede escribir **"clave permanente procedimiento"** y hacer clic en el primer resultado, que conduce al portal oficial: https://clave.gob.es

Fig. 21. Buscador: Clave permanente procedimientos

A continuación, pulsar el botón **"Accede al servicio"**.

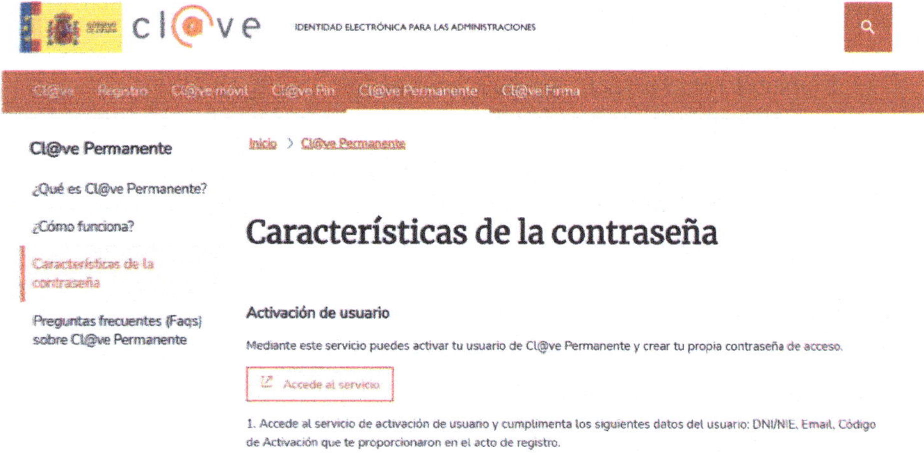

Fig. 22. Características de la contraseña

Por último, se nos redirigirá a la página donde podremos introducir el código de activación. Al darle al botón de **"Siguiente"** se podrá generar una contraseña para usar Cl@ve Permanente.

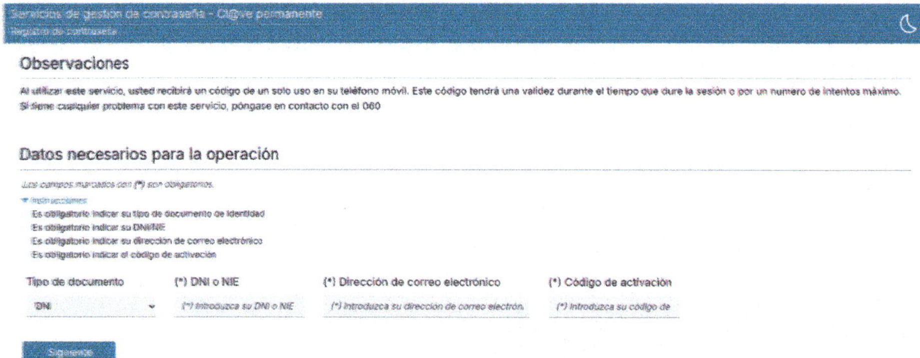

Fig. 23. Servicios de gestión de contraseña

3.6. Identificación del uso de la verificación de acceso al sistema Cl@ve mediante el uso de SMS o aplicación en el teléfono móvil, si es necesario

Una vez registrado, al acceder a cualquier servicio público con Cl@ve Permanente, el sistema requiere un paso adicional de verificación en dos factores. Esto garantiza que solo el titular puede entrar, incluso si alguien conoce su contraseña.

Los métodos de verificación disponibles son:

- **SMS al móvil:**
    - Tras introducir el DNI/NIE y la contraseña, se recibe un código de un solo uso (OTP) por SMS.
    - Este código debe introducirse en pantalla para confirmar el acceso.

- **Aplicación Cl@ve PIN:**
    - Si el usuario tiene instalada la app oficial Cl@ve PIN, la aplicación notifica automáticamente el acceso pendiente.
    - El usuario confirma pulsando en "Autorizar" y no necesita introducir ningún código.

- **Código recibido por email o generado al momento** (solo en algunos servicios).

Vocabulario

- **Identidad electrónica:** conjunto de datos que permiten acreditar digitalmente a una persona.
- **Clave de un solo uso (OTP):** contraseña válida solo durante un tiempo limitado.
- **Verificación en dos pasos (2FA):** sistema que exige dos elementos (contraseña + código SMS) para garantizar mayor seguridad.

Un usuario intenta acceder a la sede electrónica de la Seguridad Social. Introduce su DNI y la contraseña de Cl@ve Permanente. El sistema le indica que se ha enviado un SMS con un código. Lo introduce y accede correctamente al trámite.

3.7. Conexión con alguno de los servicios ofrecidos a la ciudadanía mediante el sistema Cl@ve (a título ilustrativo, DGT, Agencia Tributaria, Seguridad Social, entre otros), según las propias necesidades y comprobar sus funciones

El sistema Cl@ve también permite a los usuarios poder acceder a numerosos servicios electrónicos de la Administración sin desplazarse físicamente. Este acceso es seguro, personalizado y disponible las 24 horas del día.

Los principales organismos que permiten el acceso mediante Cl@ve son:

Agencia Tributaria (AEAT)	Consultas fiscales, presentación de impuestos, consulta de borrador de IRPF, datos fiscales, certificados.
Seguridad Social (Tu Seguridad Social)	Informe de vida laboral, alta/baja de autónomos, modificación de datos, consultas de cotizaciones.
Dirección General de Tráfico (DGT)	Consulta de puntos del carné, multas, renovación de permisos, pago de tasas.
SEPE (Servicio Público de Empleo Estatal)	Solicitud de prestaciones, consulta de expedientes, informes de periodos de inscripción.
Instituto Nacional de Estadística (INE)	Censos, formularios de participación ciudadana, certificados digitales de participación.
Ministerio de Justicia	Solicitud de certificados de antecedentes penales, nacionalidad, fe de vida, etc.
Ayuntamientos y CCAA	Padrón, tributos locales, licencias, gestiones urbanísticas (varía según territorio).

Los pasos para realizar una conexión con alguno de estos organismos son los siguientes:

1. Acceder a la sede electrónica del organismo deseado (por ejemplo, www.agenciatributaria.es, sede.seg-social.gob.es).
2. Seleccionar el trámite a realizar (consultar datos fiscales, solicitar informe de vida laboral, etc.).
3. Escoger la opción de acceso por Cl@ve.
4. Introducir DNI/NIE y contraseña de Cl@ve Permanente o Cl@ve PIN.
5. Confirmar el acceso mediante SMS o aplicación móvil, si se requiere.
6. Realizar el trámite o explorar las funcionalidades disponibles.
7. Cerrar sesión correctamente tras finalizar.

Ejemplo

Una trabajadora autónoma necesita consultar su informe de vida laboral. Accede a sede.seg-social.gob.es, en Ciudadanos>Informes y Certificados. Escoge "Informe de tu vida laboral" y selecciona Consultar>Identifícate y "Cl@ve Permanente". A continuación, introduce su usuario y contraseña, confirma con el código SMS y descarga el PDF en un clic.

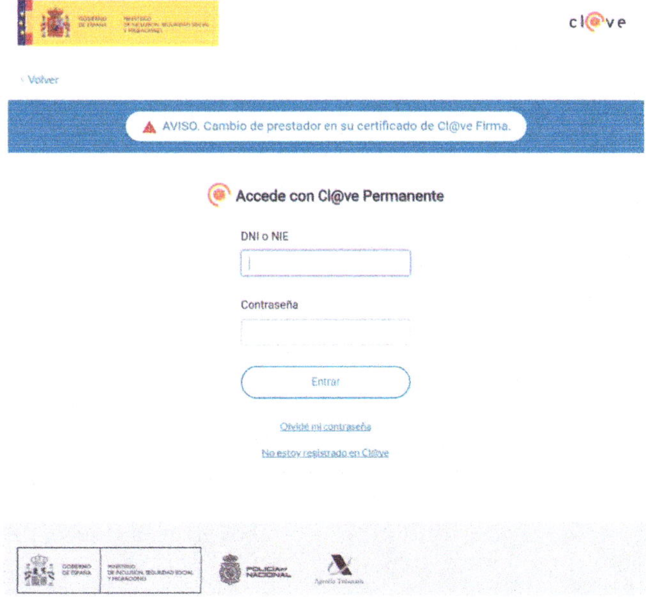

Resumen

Una persona trabajadora por cuenta propia para desenvolverse con autonomía y eficacia en entornos digitales necesita una serie de competencias digitales.

En primer lugar, cómo identificar las necesidades de compra relacionadas con el ejercicio de una actividad profesional, comprendiendo que cualquier adquisición (ya sea de materiales, herramientas, servicios digitales o productos para la reventa) debe responder a criterios de utilidad, presupuesto y adecuación al negocio. Para ello, existe una terminología clave del comercio electrónico, con conceptos como plataforma, marketplace, certificado digital, carrito de compra o pasarela de pago.

Por otro lado, cómo utilizar las principales plataformas de compra online (Amazon, El Corte Inglés, AliExpress, Wallapop, eBay...), para comparar productos en función de su precio, coste y plazo de envío, valoraciones y condiciones de devolución. Esto implica conocer la cumplimentación de los datos personales para el envío y a los aspectos vinculados a la privacidad y protección de la información. Asimismo, los distintos medios de pago disponibles (tarjeta, PayPal, Bizum, transferencia...), con sus ventajas, requisitos y riesgos, así como los criterios para elegir el más adecuado en función del tipo de compra, la confianza en el vendedor y el nivel de seguridad deseado.

Respecto al proceso de venta digital, se debe partir de la identificación de las propias necesidades de venta (si se trata de una venta puntual, una actividad continua, un canal secundario...), y se clasifica el producto según su naturaleza (artesanía, alimentos, productos usados, servicios digitales). En función de esta clasificación, se exploran las plataformas más idóneas para cada caso (Etsy, Wallapop, Artesanum, Agroboca, etc.), comparando sus condiciones de uso, facilidad para publicar productos, visibilidad comercial, comisiones, sistemas de pago y gestión de envíos o reclamaciones.

Finalmente, está el uso del certificado digital como herramienta clave para gestionar trámites administrativos online. El trabajador/a por cuenta propia debe conocer sus funciones básicas, los tipos más habituales (FNMT, Cl@ve, DNI electrónico), y el procedimiento para registrarse en el sistema Cl@ve Permanente.

Glosario

Aplicación móvil (app)

Programa informático diseñado para ser ejecutado en dispositivos móviles como smartphones o tabletas. Muchas plataformas de comercio electrónico y sistemas de administración electrónica tienen su propia app.

Banner

Elemento visual publicitario o informativo que aparece en una página web, app o plataforma digital, con el objetivo de llamar la atención del usuario y promover un producto, servicio o contenido.

Bizum

Servicio de pago instantáneo entre particulares vinculado al número de teléfono móvil y a una cuenta bancaria.

Click & Collect

Opción de compra online con recogida en tienda física.

Comercio electrónico (e-commerce)

Venta y compra de productos o servicios a través de plataformas digitales.

Dropshipping

Modelo de negocio en el que el vendedor no almacena productos, sino que el proveedor los envía directamente al cliente.

DNI electrónico (DNIe)

Documento de identidad con chip integrado que permite identificarse y firmar digitalmente en trámites administrativos.

Footer (pie de página)

Sección final de una página web, que aparece en la parte inferior de la pantalla. Se utiliza para mostrar información complementaria, enlaces útiles y datos de contacto.

Gadget

Dispositivo electrónico o mecánico pequeño, innovador y útil, diseñado para cumplir una función específica. Suele destacarse por ser moderno, práctico o curioso.

Plataforma B2B

Siglas en inglés de *Business to Business,* es decir, de empresa a empresa. Es un sitio web o sistema digital que facilita la compra, venta o intercambio de productos y servicios entre empresas, no entre empresas y consumidores finales.

RGPD (Reglamento General de Protección de Datos)

Normativa europea que regula el tratamiento de datos personales, aplicable en actividades comerciales y administrativas.

Seguridad en las transacciones

Conjunto de medidas técnicas y legales para proteger la integridad y confidencialidad de las operaciones comerciales en línea.

Packaging

Envoltorio, empaque o presentación de un producto, diseñado no solo para protegerlo, sino también para atraer al consumidor y transmitir la identidad de la marca.

Sede electrónica

Portal oficial de un organismo público que permite a los ciudadanos realizar trámites administrativos por Internet.

SKU (Stock Keeping Unit)

Código interno de referencia para un producto en el inventario de una tienda online.

Verificación en línea

Confirmación electrónica del éxito de una operación, como la compra de un producto o el acceso a un trámite administrativo.

Ejercicios de autoevaluación

1. ¿Cuál de los siguientes factores debe considerarse primero antes de realizar una compra online?

    a. La forma de pago.

    b. La disponibilidad del producto.

    c. Las propias necesidades de compra.

    d. La velocidad de la conexión a Internet.

2. ¿Qué es un marketplace?

    a. Una plataforma donde múltiples vendedores ofrecen productos.

    b. Una red social profesional.

    c. Un programa de facturación.

    d. Un gestor de correos electrónicos comerciales.

3. ¿Cuál de las siguientes plataformas es más adecuada para vender artesanía hecha a mano?

    a. Wallapop.

    b. Etsy.

    c. eBay.

    d. Agroboca.

4. ¿Qué dato NO suele incluir un mensaje de confirmación de compra?

    a. Número de pedido.

    b. Método de pago.

    c. Contraseña del usuario.

    d. Dirección de envío.

5. ¿Qué debe tenerse en cuenta al seleccionar un producto en varias plataformas?

a. La nacionalidad del vendedor.

b. El precio total, tiempo y coste de envío.

c. El color del logo de la tienda.

d. El idioma del portal.

6. ¿Cuál es una característica propia de PayPal como medio de pago?

a. Requiere tarjeta con chip.

b. Solo funciona con transferencias.

c. Permite pagar sin compartir datos bancarios con el vendedor.

d. Solo puede usarse en tiendas físicas.

7. ¿Qué método de pago ofrece generalmente menos protección al comprador?

a. Transferencia bancaria.

b. Tarjeta de crédito.

c. PayPal.

d. Bizum.

8. ¿Cuál de los siguientes portales está especializado en productos agroalimentarios?

a. Wallapop.

b. Artesanum.

c. Agroboca.

d. Fiverr.

9. En el proceso de venta digital, ¿qué elemento es fundamental incluir en una ficha de producto?

a. Fotografías claras y descripción detallada.
b. La biografía del vendedor.
c. La ubicación de otros competidores.
d. El historial de publicaciones del perfil.

10. ¿Qué plataforma permite el acceso a múltiples servicios públicos mediante usuario y contraseña?

a. Sede electrónica del Ayuntamiento.
b. FNMT.
c. DNIe.
d. Cl@ve Permanente.

Aplicaciones prácticas

Aplicación práctica 1. Búsqueda de empleo

Módulo 1. Competencias digitales básicas para la búsqueda de empleo por cuenta ajena

A continuación, se presentan tres perfiles de personas que buscan empleo:

- **Perfil A.** Carmen, 46 años. Ha trabajado muchos años limpiando oficinas y viviendas. No tiene redes sociales y solo usa el móvil. Quiere volver a trabajar, preferiblemente cerca de su casa.
- **Perfil B.** David, 22 años. Está terminando un grado medio de informática. Le gustaría empezar a trabajar mientras sigue estudiando. Tiene conocimientos de redes y ofimática. Usa LinkedIn habitualmente.
- **Perfil C.** Sara, 30 años. Lleva varios años sin trabajar porque ha cuidado de su madre enferma. Antes había sido dependienta en tiendas de ropa. Quiere reincorporarse al mercado laboral y busca empleo a jornada parcial.

Lee con atención cada situación y responde para cada una:

- ¿Qué tipo de información debería buscar esta persona para mejorar su búsqueda de empleo?
- ¿Qué canales o plataformas digitales (webs, portales o redes) serían los más adecuados en su caso?
- ¿Qué palabra clave sugerirías que utilice en un portal de empleo?

Aplicación práctica 2. Elaboración de un CV

Módulo 1. Competencias digitales básicas para la búsqueda de empleo por cuenta ajena

Una amiga te pide ayuda con la elaboración de su currículum, ya que es la primera vez que redacta uno. Este incluye:

- Nombre del archivo: "mi_cv_final_última_definitiva_bueno_Elena.docx".
- Fuente usada: Comic Sans, tamaño 14.
- Texto centrado en toda la hoja.
- Sin separación clara entre secciones.
- Toda la experiencia escrita como un párrafo largo.
- Contiene una foto recortada de forma irregular.
- Hay errores ortográficos como "trabaje en un aempresa de limpiza".

Quiere enviarlo a través del portal de empleo InfoJobs, pero al revisarlo detectas algunos errores que podrían perjudicar su candidatura.

Redacta una lista de al menos cinco correcciones o mejoras que debería hacer antes de enviar su currículum a través de un portal digital.

Aplicación práctica 3. Adquisición de productos a través de portales de comercio electrónico

Módulo 2. Competencias digitales básicas para el empleo por cuenta propia

Pilar es una joven emprendedora que quiere comenzar a vender bordados personalizados en Etsy. Para preparar su primera remesa de productos, necesita comprar materiales como hilos, bastidores y sobres acolchados. Para ello, consulta tres plataformas: Amazon, AliExpress y El Corte Inglés.

Plataforma	Precio	Envío	Plazo de entrega	Valoraciones	Comentarios
Amazon	13,90 €	Gratis (Prime)	2 días	4/5	"Buena calidad y entrega rápida"
AliExpress	8,50 €	1,99 €	20-25 días	3/5	"Tardan, pero vienen completos"
El Corte Inglés	14,95 €	3,95 €	4-5 días	5/5	"Muy bien empaquetado"

Ayuda a Pilar a decidir dónde realizar la compra de forma razonada. Para ello, debes analizar:

- Qué factores debe priorizar en esta primera compra como profesional.
- Cuál es la opción más equilibrada según calidad, urgencia, precio y reputación.
- Qué precauciones debería tomar si finalmente se decide por una tienda internacional.

Aplicación práctica 4. Acceso al sistema Cl@ve

Módulo 2. Competencias digitales básicas para el empleo por cuenta propia

Imagina que te has dado de alta recientemente como autónomo/a. Quieres consultar tu base de cotización en la Seguridad Social, pero nunca has usado el Sistema Cl@ve. Decides intentarlo por tu cuenta desde el móvil.

Tras acceder a la sede electrónica de la Seguridad Social, seleccionas "Cl@ve Permanente". Introduces tu DNI y tu contraseña. La web te indica que ha enviado un código a su teléfono.

¿Qué pasos debes seguir para completar correctamente el acceso?

Ejercicio de evaluación final

1. ¿Cuál es una ventaja de registrarse en un portal de empleo?

   a. Ver la televisión por internet.

   b. Chatear con amigos.

   c. Participar en sorteos de productos.

   d. Recibir alertas personalizadas de empleo.

2. ¿Qué herramienta permite guardar archivos en la nube para compartir muestras de trabajos?

   a. Paint.

   b. Google Drive.

   c. Bloc de notas.

   d. Antivirus.

3. ¿Qué actitud transmite mayor seguridad en una entrevista?

   a. Evitar el contacto visual.

   b. Hablar en voz muy baja.

   c. Mirar a los ojos y sonreír.

   d. Interrumpir al entrevistador.

4. ¿Qué sección del currículum suele colocarse al inicio?

   a. Perfil profesional.

   b. Referencias personales.

   c. Datos bancarios.

   d. Firma digital.

5. ¿Cuál es un metabuscador de empleo?

a. Carrefour.

b. Indeed.

c. LinkedIn.

d. Adecco.

6. ¿Qué elemento mejora el diseño profesional del currículum?

a. Usar muchas imágenes de fondo.

b. Colocar títulos en colores llamativos.

c. Elegir una fuente clara como Arial o Calibri.

d. Incluir emoticonos.

7. ¿Qué debe hacerse antes de enviar un currículum por email?

a. Llamar por teléfono a la empresa sin aviso.

b. Escribir un mensaje breve y formal en el cuerpo del correo.

c. Dejar el correo en blanco.

d. Escribir una carta larga a mano y escanearla.

8. ¿Qué se debe hacer tras encontrar una oferta de interés?

a. Revisar requisitos y postularse por el canal indicado.

b. Llamar al ayuntamiento.

c. Esperar a que llamen directamente.

d. Pedir ayuda a un banco.

9. ¿Cuál de estos comportamientos favorece la seguridad digital al registrarse en portales?

    a. Usar una contraseña sencilla como "1234".

    b. Evitar compartir datos innecesarios y revisar la privacidad.

    c. Publicar toda la vida personal.

    d. Adjuntar el DNI escaneado.

10. ¿Qué ayuda a comparar varias ofertas de empleo?

    a. Contar las palabras del anuncio.

    b. Usar una tabla con criterios como jornada, ubicación y salario.

    c. Leer solo los títulos.

    d. Buscar opiniones en redes sociales.

11. ¿Cuál de los siguientes certificados digitales requiere lector físico y PIN?

    a. Cl@ve PIN.

    b. FNMT – Persona física.

    c. DNI electrónico (DNIe).

    d. Cl@ve Permanente.

12. ¿Qué se utiliza para confirmar un acceso por Cl@ve Permanente?

    a. Un código SMS o app de verificación.

    b. Un selfie.

    c. La firma manuscrita.

    d. El número de pasaporte.

13. ¿Cuál de estas plataformas permite vender productos sin comisión de venta?

    a. Etsy.

    b. eBay.

    c. Artesanum.

    d. Amazon.

14. ¿Qué es obligatorio si se realiza una actividad de venta habitual con ánimo de lucro?

    a. Usar correo electrónico profesional.

    b. Tener una web propia.

    c. Darse de alta como autónomo/a.

    d. Vender en plataformas internacionales.

15. ¿Qué permite el sistema Cl@ve en su modalidad PIN?

    a. Acceder solo a la Seguridad Social.

    b. Identificarse mediante código temporal para trámites puntuales.

    c. Firmar escrituras públicas.

    d. Descargar certificados digitales.

16. ¿Qué debe hacerse después de realizar una venta real en una plataforma digital?

    a. Apagar el ordenador.

    b. Ignorar posibles mensajes del comprador.

    c. Borrar el anuncio inmediatamente.

    d. Confirmar el envío, hacer seguimiento y atender incidencias.

17. ¿Qué factor es más importante al elegir una plataforma de venta?

    a. Que no tenga publicidad.

    b. Que tenga solo un idioma.

    c. Que se adapte al tipo de producto y público objetivo.

    d. Que permita ventas anónimas.

18. ¿Qué dato es imprescindible para registrarse en Cl@ve?

    a. Un número de cuenta bancaria.

    b. Un teléfono móvil español vinculado al DNI/NIE.

    c. Una red social profesional.

    d. Un lector de huellas.

19. ¿Qué función realiza la firma digital con certificado?

    a. Crear productos digitales.

    b. Acreditar la identidad y firmar documentos con validez legal.

    c. Cifrar vídeos.

    d. Autorizar sorteos.

20. ¿Qué riesgo implica el uso inadecuado del certificado digital?

    a. Suplantación de identidad.

    b. Que se agote su saldo.

    c. Saturación del sistema.

    d. Recibir más impuestos.

Solucionario

Módulo 1. Competencias digitales básicas para la búsqueda de empleo por cuenta ajena

1. a	**6.** c
2. b	**7.** b
3. c	**8.** b
4. b	**9.** d
5. a	**10.** c

Módulo 2. Competencias digitales básicas para el empleo por cuenta propia

1. c	**6.** c
2. a	**7.** a
3. b	**8.** c
4. c	**9.** a
5. b	**10.** d

Bibliografía

Monografías

JONES, O. (2024). *Desarrollo profesional y búsqueda de empleo. Consejos para buscar profesión y empleo.* Tektime.

> Este libro plantea que construir una trayectoria profesional exitosa va más allá de la casualidad; se trata de un proceso que implica una planificación detallada, decisiones estratégicas y un amplio conocimiento del entorno laboral actual. La obra se presenta como una guía exhaustiva que, aprovechando la experiencia acumulada, ofrece herramientas específicas y consejos prácticos destinados a fortalecer las habilidades, conocimientos y autoconfianza de quienes buscan mejorar sus oportunidades profesionales. Cada capítulo analiza elementos fundamentales, desde cómo crear descripciones eficaces del perfil profesional hasta estrategias prácticas para destacar en un mercado laboral competitivo.

RODRIGO AGULLÓ, J., y ROMERO NIETO, L. (2024). *Inserción sociolaboral.* Ediciones Paraninfo.

> Este libro aborda temas clave como el análisis de las personas en situación vulnerable, los recursos y la planificación para favorecer su incorporación al empleo, así como el diseño, seguimiento y evaluación de intervenciones. Además, incluye formación en habilidades sociolaborales y atención específica a personas con discapacidad.

Webgrafía

Cómo crear una tienda online: requisitos y pasos a seguir

https://www.infoautonomos.com/tramites-alta-autonomo/requisitos-legales-para-una-tienda-online/

Cómo hacer un currículum vitae paso a paso: guía + claves

https://www.livecareer.es/curriculum-vitae/como-hacer-un-cv

Cómo poner los proyectos en el currículum: Consejos y ejemplos

https://es.indeed.com/orientacion-laboral/cv-cartas-presentacion/proyectos-poner-curriculum

Diccionario de términos de comercio electrónico

https://tecnosoluciones.com/diccionario-de-terminos-de-comercio-electronico/

Diferencias entre certificado digital, DNIe y sistema Cl@ve

https://redtrust.com/diferencias-certificado-digital-dnie-clave/

DNI electrónico, firma electrónica, certificado digital y clave permanente: cuáles son las diferencias

https://www.xataka.com/basics/dni-electronico-firma-electronica-certificado-digital-clave-permanente-cuales-diferencias

Keywords para la búsqueda de empleo: ¿Qué son? ¿Cuál es su importancia?

https://www.linkedin.com/pulse/keywords-para-la-b%C3%BAsqueda-de-empleo-qu%C3%A9-son-cu%C3%A1l-es-toledo-maya-/

Plantilla de carta de presentación y ejemplos para tu CV

https://orientacion-laboral.infojobs.net/modelo-carta-de-presentacion-cv-ejemplo

¿Qué datos de contacto incluir en un currículum?

https://www.talenttunity.com/que-datos-de-contacto-incluir-en-un-curriculum/

Qué es una plataforma de comercio digital y cómo elegir la ideal

https://www.anfix.com/blog/plataforma-comercio-digital

Qué es un filtro ATS para currículum: Tips para superarlo

https://www.livecareer.es/curriculum-vitae-ejemplos/ats-curriculum